Sobre o Tempo

Norbert Elias

Sobre o Tempo

Editado por:
MICHAEL SCHRÖTER

Tradução:
VERA RIBEIRO

Revisão técnica:
ANDREA DAHER
Doutora em história pela
École des Hautes Études en Sciences Sociales
Professora do Depto. de História IFCS/UFRJ

ZAHAR

Publicado originalmente sob o título
Über die Zeit, em 1984, por Suhrkamp Verlag,
de Frankfurt, Alemanha

rua Marquês de S. Vicente 99 – 1º
22451-041 Rio de Janeiro, RJ
tel. (21) 2529-4750 / fax (21) 2529-4787
editora@zahar.com.br
www.zahar.com.br

Grafia atualizada respeitando o novo
Acordo Ortográfico da Língua Portuguesa

Capa: Carol Sá

CIP-Brasil. Catalogação na fonte
Sindicato Nacional dos Editores de Livros, RJ

Elias, Norbert, 1897-1990
E41s Sobre o tempo / Norbert Elias; editado por Michael Schröter: tradução: Vera Ribeiro; revisão técnica: Andrea Daher. — Rio de Janeiro: Zahar, 1998.

Tradução de: Über die Zeit
ISBN 978-85-7110-473-0

1. Tempo. 1. Schröter, Michael. II. Título.

CDD: 115
98-1339 CDU: 115

Sumário

Introdução[*]

“Quando não me perguntam sobre o tempo, sei o que ele é”, dizia um ancião cheio de sabedoria. “Quando me perguntam, não sei.” Então, por que fazer a pergunta? Ao examinarmos os problemas relativos ao tempo, aprendemos sobre os homens e sobre nós mesmos muitas coisas que antes não discerníamos com clareza. Problemas que dizem respeito à sociologia e, em termos mais gerais, às ciências humanas, que as teorias dominantes não permitiam apreender, tornam-se acessíveis.

Os físicos às vezes dizem medir o tempo. Servem-se de fórmulas matemáticas nas quais o tempo desempenha o papel de um quantum específico. Mas o tempo não se deixa ver, tocar, ouvir, saborear nem respirar como um odor. Há uma pergunta que continua à espera de resposta: como medir uma coisa que não se pode perceber pelos sentidos? Uma “hora” é algo de invisível.

Os relógios não medem o tempo? Se eles permitem medir alguma coisa, não é o tempo invisível, mas algo perfeitamente passível de ser captado, como a duração de um dia de trabalho ou de um eclipse lunar, ou a velocidade de um corredor na prova dos cem metros. Os relógios são processos físicos que a sociedade padronizou, decompondo-os em sequências-modelo de recorrência regular, como as horas ou os minutos. Essas sequências podem ser idênticas em toda a extensão de um país, ou até de vários, quando a evolução da sociedade o exige e o autoriza. Os relógios, assim, permitem comparar a velocidade de aviões que sobrevoam regiões muito diferentes, mas que percorrem a mesma distância. Graças a eles, é possível comparar a duração ou a velocidade de processos que se desenrolam sucessivamente e que, por isso mesmo, não podem ser diretamente comparados — como a duração de dois discursos, proferidos um após o outro.

Quando necessário, os homens utilizam um processo socialmente padronizado para comparar, por via indireta, processos que não podem ser diretamente cotejados. Com que finalidade agem dessa maneira, e em qual etapa do

---

* Artur Bogner ajudou-me no trabalho de redigir esta introdução. Sou-lhe grato por isso.

desenvolvimento elaboram uma conceituação unificadora do tempo que implique um alto nível de síntese? Como chegaram os homens, dispondo inicialmente de meios de orientação conceituais situados num nível de síntese relativamente baixo, a meios de orientação que exigem um nível de síntese mais elevado?

Sabe-se que os relógios exercem na sociedade a mesma função que os fenômenos naturais — a de meios de orientação para homens inseridos numa sucessão de processos sociais e físicos. Simultaneamente, servem-lhes, de múltiplas maneiras, para harmonizar os comportamentos de uns para com os outros, assim como para adaptá-los a fenômenos naturais, ou seja, não elaborados pelo homem.

Quando, em estágios precoces da sociedade, fez-se sentir a necessidade de situar os acontecimentos e de avaliar a duração de alguns processos no âmago do devir, adquiriu-se o hábito de escolher como norma um certo tipo de processos físicos, limitando-se aos fenômenos naturais, únicos, como tudo o que decorre do devir. Mas seu reaparecimento posterior conformava-se a um modelo semelhante, quando não idêntico. Essas sequências recorrentes, como o ritmo das marés, os batimentos do pulso ou o nascer e o pôr do sol ou da lua, foram utilizadas para harmonizar as atividades dos homens e para adaptá-las a processos que lhes eram externos, da mesma maneira que foram adaptadas, em estágios posteriores, aos símbolos que se repetem no mostrador de nossos relógios.

Na sociologia do conhecimento, o desenvolvimento do saber, isto é, dos meios humanos de orientação, não tem recebido a atenção que merece. Ora, a maneira como a humanidade aprendeu a se orientar no universo, e conseguiu fazê-lo cada vez melhor ao longo dos milênios, não deixa de ter importância para a compreensão que ela adquiriu de si mesma. A evolução da cronologia, como meio de orientação no fluxo incessante do devir, fornece um exemplo disso. A importância social das ciências físicas, em nossa época, contribuiu para fazer o tempo surgir como um dado evidente, inscrito no vasto sistema da natureza e, como tal, pertinente ao campo de competência dos físicos.

Um olhar para a evolução da cronologia e de seus instrumentos mostra que a preeminência da física e do ponto de vista naturalista é relativamente recente. Até a época de Galileu, o que chamamos "tempo", ou mesmo o que chamamos "natureza", centrava-se acima de tudo nas comunidades humanas. O tempo servia aos homens, essencialmente, como meio de orientação no universo social e como modo de regulação de sua coexistência. Alguns processos físicos, uma vez elaborados e padronizados pelo homem, foram por ele utilizados no intuito de situar suas atividades sociais no fluxo do devir, ou de avaliar a duração delas. Mas foi somente há pouco tempo que os relógios passaram a desempenhar um papel importante no estudo dos fenômenos naturais. Assim, o mistério do tempo, que os homens já intuíam desde longa data, tornou-se mais denso.

Vemo-nos aqui diante de um dos grandes problemas da sociologia: da coexistência dos homens provém algo que eles não compreendem, que lhes parece enigmático e misterioso. Que os relógios sejam instrumentos construídos e utilizados pelos homens em função das exigências de sua vida comunitária, é fácil de entender. Mas, que o tempo tenha igualmente um caráter instrumental é algo que não se entende com facilidade. Será que seu curso não se desenrola de maneira inexorável, sem levar em conta as intenções humanas? O uso linguístico também contribui para confundir o panorama, dando a impressão de que o tempo é aquele algo misterioso cuja medida é dada por instrumentos de fabricação humana, os relógios.

O quanto a incapacidade de considerar as funções de orientação e de regulação social do tempo contribuiu para as dificuldades que têm entravado nossos esforços de chegar a uma teoria consensual do tempo é algo que se destaca, em particular, das tradicionais tentativas que visam resolver o problema no plano filosófico. No centro da longa polêmica sobre a natureza do tempo encontravam-se — e talvez ainda se encontrem — duas posições diametralmente opostas. Alguns sustentavam que o tempo constitui um dado objetivo do mundo criado, e que não se distingue, por seu modo de ser, dos demais objetos da natureza, exceto, justamente, por não ser perceptível. Newton, sem dúvida, foi o representante mais eminente dessas concepções objetivistas, que começaram a declinar a partir do início da era moderna. Outros afirmavam que o tempo é uma maneira de captar em conjunto os acontecimentos que se assentam numa particularidade da consciência humana, ou, conforme o caso, da razão ou do espírito humanos, e que, como tal, precede qualquer experiência humana. Descartes já se inclinava para essa opinião. Ela encontrou sua expressão mais autorizada em Kant, que considerava o espaço e o tempo como representando uma síntese *a priori*. Sob uma forma menos sistemática, essa concepção parece haver prevalecido largamente sobre a teoria oposta. Numa linguagem mais simples, ela se limita a dizer que o tempo é como uma forma inata de experiência e, portanto, um dado não modificável da natureza humana.

Essas duas teorias do tempo, entretanto, têm algumas hipóteses em comum. Ambas o apresentam como um dado natural, porém, num dos casos, trata-se de um dado "objetivo", independente da realidade humana, e no outro, de uma simples representação "subjetiva", enraizada na natureza humana. Essa oposição reflete um dos aspectos fundamentais da teoria do conhecimento na tradição filosófica. Supõe-se, como se isso fosse evidente, que o processo de conhecimento tem um começo e que torna sempre a partir de um mesmo ponto. O indivíduo parece apresentar-se sozinho diante do mundo, como o sujeito diante do objeto, e parece também buscar conhecer; resta saber se é a natureza do sujeito ou a do objeto que desempenha um papel decisivo na construção das representações humanas, bem como na inserção de todos os acontecimentos no curso do tempo.

Essas hipóteses comuns às teorias tradicionais do conhecimento são artificiais, e os debates intermináveis que opõem seus respectivos partidários são estéreis. Mas, isso só aparece com clareza quando nos afastamos dos paradigmas contidos nas hipóteses dessas antigas teorias do conhecimento — e não apenas no caso do tempo — e quando lhes opomos uma teoria do saber humano ligada à evolução observável desse saber, de tal sorte que suas próprias hipóteses paradigmáticas possam ser postas à prova e revistas. É nisso que se empenha este ensaio. Ele repousa sobre a hipótese de que nosso saber resulta de um longo processo de aprendizagem, que não teve um começo na história da humanidade. Todo indivíduo, por maior que seja sua contribuição criadora, constrói a partir de um patrimônio de saber já adquirido, o qual ele contribui para aumentar. E isso não é diferente no que concerne ao conhecimento do tempo.

Nas sociedades desenvolvidas, parece quase uma evidência que um indivíduo saiba sua idade. É com assombro e, às vezes, até com um aceno dubitativo da cabeça, que descobrimos que existem, em sociedades menos avançadas, homens incapazes de dizer com precisão qual é sua idade. Na medida em que o patrimônio de saber compartilhado por um grupo não inclui o calendário, é difícil, com efeito, determinar o número de anos que se viveu. Não é possível comparar diretamente a duração de um período de vida com a de outro. Para tanto, é preciso tomar como quadro de referência uma outra sequência de acontecimentos cujas divisões repetitivas sejam objeto de uma padronização na escala da sociedade. Em suma, precisa-se daquilo a que chamamos calendário. A sucessão irreversível dos anos representa, à maneira simbólica, a sequência irreversível dos acontecimentos, tanto naturais quanto sociais, e serve de meio de orientação dentro da grande continuidade móvel, natural e social. Numerados, os meses e dias do calendário passam então a representar estruturas recorrentes, no interior de um devir que não se repete.

Nas sociedades mais complexas, o conjunto desses símbolos do calendário torna-se indispensável à regulamentação das relações entre os homens, quer se trate da estipulação dos dias de férias ou da duração de um contrato. O conhecimento do calendário, tal como o do tempo dos relógios, é uma evidência tal que já não suscita interrogações. Já não nos perguntamos como puderam os homens coexistir, em épocas anteriores, sem a ajuda de um calendário ou de relógios, agora que esses meios se tornaram quase indispensáveis a qualquer forma de vida social. Por que e como pudemos chegar a essa determinação do tempo com a ajuda de instrumentos exatos, muitas vezes com diferenças de dias, horas ou segundos, bem como ao modelo correspondente de autodisciplina, à necessidade interna de saber que horas são? Qual é o sistema de relações entre, de um lado, uma estrutura social dotada de uma rede necessária mas também inelutável de determinações temporais e, de outro, uma estrutura de personalidade dotada de uma percepção apuradíssima do tempo e submetida a sua disciplina? Essas perguntas não são para nós um problema agudo. Sentimos a pressão do tempo cotidiano dos relógios e percebemos — cada vez mais intensamente à medida que envelhecemos — a fuga dos anos nos calendários. Tudo isso tornou-se uma segunda natureza e é aceito como se fizesse parte do destino de todos os homens. E esse processo cego continua seguindo pelo mesmo rumo, sobretudo, se bem que não em caráter exclusivo, no caso das funções superiores de coordenação social, onde a interseção de um número cada vez maior de cadeias de interdependência incita os homens a submeterem sua atividade profissional a um horário cada vez mais exato.

Se, guardando em mente o quadro oferecido por essas sociedades altamente diferenciadas, nos voltarmos para sociedades mais simples, talvez compreendamos melhor como o macrocosmo do grupo e o microcosmo do indivíduo são estruturalmente interdependentes e, em maior ou menor grau, pautados um no outro. Nas aldeias relativamente autossuficientes e capazes de entrar em guerra — daremos exemplos delas mais adiante —, as cadeias de interdependência que vêm cruzar-se no indivíduo são comumente curtas, pouco numerosas e pouco diferenciadas. Nesse estágio, a consciência humana é mais atingida pela repetição inelutável das mesmas sequências, como o ciclo das estações, do que pela sucessão de anos que não voltarão jamais. Do mesmo modo, a consciência que o indivíduo tem de si como pessoa única e incomparável, desvinculada da cadeia de gerações, não é tão clara quanto nas sociedades altamente diferenciadas. Um homem pode dizer "Quando construí esta casa, ...", embora seu avô é que a tenha construído. Torna-se assim explicável que, nas sociedades sem calendário e nas quais não existem, portanto, representações simbólicas exatas da sucessão dos anos, os homens não saibam ao certo sua idade. Eles dirão, por exemplo: "Eu era pequeno quando aconteceu o grande terremoto." Nelas, o acontecimento que serve de quadro de referência para as perguntas relativas ao "quando" é pontual; não está ligado a um processo com um desenrolar contínuo, e a correlação entre o acontecimento e seu quadro de referência é uma síntese efetuada em nível baixo. Conceitos como o de tempo, que implicam um nível elevado de síntese, situam-se além do horizonte do saber e da experiência.

Ressalta disso tudo que o conceito de tempo não remete nem ao "decalque" conceitual de um fluxo objetivamente existente nem a uma forma de experiência comum à totalidade dos homens, e anterior a qualquer contato com o mundo. O tempo não se deixa guardar comodamente numa dessas gavetas conceituais onde ainda hoje se classificam, com toda a naturalidade, objetos desse tipo. O problema do tempo aparece, muitas vezes, como sendo do âmbito dos físicos e dos metafísicos. Por isso mesmo, a reflexão a esse respeito tem deixado, por assim dizer, que se nos escape o chão debaixo dos pés. Para pisarmos num terreno sólido, entretanto, não basta fazer do tempo um objeto tanto da sociologia quanto da física, ou, em outras palavras, como muitas vezes se faz, contrastar um tempo "social" com um tempo "físico". A operação de datação e determinação do tempo em geral não se deixa conceber a partir de uma representação que divida o mundo em "sujeito" e "objeto". Ela repousa, simultaneamente, em processos físicos não importando que sejam moldados pelos homens ou independentes deles e em observações capazes de abarcar, de reunir numa síntese conceitual aquilo que se apresenta numa sucessão, e não como um conjunto. Não são "o homem e a natureza", no sentido de dois dados separados, que constituem a representação cardinal exigida para compreendermos o tempo, mas sim "os homens no âmago da natureza". É mais fácil isolar a significação do "tempo" quando compreendemos que a divisão do universo numa "natureza", campo das ciências físicas, e em sociedades humanas, campo das ciências sociais ou humanas, que dá a ilusão de um mundo cindido em dois, é um artifício produzido por um desdobramento aberrante no interior da ciência.

O conceito de "natureza" é hoje determinado, em larga medida, pela forma e pela significação sociais que as ciências da natureza lhe conferiram. Mas essas ciências interessam-se apenas por um setor limitado do universo. Restringem-se a certos patamares de integração do universo físico e excluem de seu campo de investigação os patamares superiores, propriamente humanos, de integração, como se eles não pertencessem à "natureza". Se quisermos compreender isso a que se chama "natureza", entretanto, será preciso levarmos em conta o fato de que os seres humanos, que representam um nível altíssimo — talvez o mais alto — de integração e diferenciação, surgiram do universo físico. Numa palavra, teremos de incluir no conceito de natureza a capacidade que ela tem de produzir, no curso de processos cegos, não apenas reatores de hélio ou desertos lunares, mas também seres humanos. Não é necessário evocar a responsabilidade que tal saber confere aos homens, nem tampouco, em termos mais gerais, as consequências que acarreta para sua vida em comum e para sua relação com a "natureza", no sentido estrito do termo. O saber acadêmico, por sua especialização, sugere que o universo é cindido em "natureza" e "sociedade", ou, conforme o caso, em "natureza" e "cultura". Diante disso, movimentos como o de proteção ambiental bem poderiam anunciar uma compreensão crescente do fato de que os homens não vivem isolados, mas se inserem no devir da natureza, e que, em função de sua natureza específica, compete a eles a responsabilidade de se encarregarem, em seu próprio interesse, dessa relação.

Os problemas que os homens procuram resolver, ao medirem a "duração", remetem ao fato de que os grupos humanos estão situados no interior de um conjunto mais vasto do que o formado por eles: o universo natural. Em toda parte onde se opera com o "tempo", os homens são implicados juntamente com seu meio ambiente, ou seja, com processos físicos e sociais. Numa palavra, este livro formula a questão muito geral de saber com que objetivo os homens necessitam determinar o tempo.

A resposta não é simples. Podemos começar dizendo: é que as posições e as sequências de acontecimentos que ocorrem no fluxo ininterrupto do devir se sucedem e não se deixam justapor nem comparar diretamente. Assim, quando, por uma razão qualquer, os membros de uma sociedade querem definir posições e trajetórias que se apresentam sucessivamente, precisam de uma segunda sucessão de acontecimentos em que as mudanças individuais, obedecendo à mesma lei de irreversibilidade, sejam marcadas pelo reaparecimento regular de certos modelos sequenciais. Esses modelos, que incluem o retorno de sequências elementares parecidas, se não idênticas, servem então de referências padronizadas que permitem comparar, indiretamente, as sequências da primeira sucessão de acontecimentos. O movimento aparente do Sol, de um ponto a outro do horizonte, assim como o movimento dos ponteiros de um relógio de um ponto do mostrador a outro, são exemplos de sequências recorrentes que podem servir como unidades de referência e meios de comparação para segmentos de processos pertencentes a uma outra série e que não podem ser diretamente relacionados, em razão de seu caráter sucessivo. Em sua qualidade de símbolos reguladores e cognitivos, essas unidades de referência adquirem a significação de unidades de tempo.

A expressão "tempo" remete a esse relacionamento de posições ou segmentos pertencentes a duas ou mais sequências de acontecimentos em evolução contínua. Se as sequências em si são perceptíveis, relacioná-las representa a elaboração dessas percepções pelo saber humano. Isso encontra expressão num símbolo social comunicável — a ideia de "tempo", a qual, no interior de uma sociedade, permite transmitir de um ser humano para outros imagens mnêmicas que dão lugar a uma experiência, mas que não podem ser percebidas pelos sentidos não perceptivos.

Na linha direta da antiga teoria do conhecimento, poderia surgir aqui a ideia de que, sendo assim, o tempo reduz-se a uma relação estabelecida por um ser humano, uma relação desprovida de qualquer existência objetiva fora dele. Essa seria uma conclusão errônea, por identificarmos o sujeito do conhecimento com uma pessoa individual. Ora, o indivíduo não tem capacidade de forjar, por si só, o conceito de tempo. Este, tal como a instituição social que lhe é inseparável, vai sendo assimilado pela criança à medida que ela cresce numa sociedade em que ambas as coisas são tidas como evidentes.

Numa sociedade assim, o conceito de tempo não é objeto de uma aprendizagem, em sua simples qualidade de instrumento de uma reflexão destinada a encontrar seu resultado em tratados de filosofia; ao crescer, com efeito, toda criança vai-se familiarizando com o "tempo" como símbolo de uma instituição social cujo caráter coercitivo ela experimenta desde cedo. Se, no decorrer de seus primeiros dez anos de vida, ela não aprender a desenvolver um sistema de autodisciplina conforme a essa instituição, se não aprender a se portar e a modelar sua sensibilidade em função do tempo, ser-lhe-á muito difícil, se não impossível, desempenhar o papel de um adulto no seio dessa sociedade.

A transformação da coerção exercida de fora para dentro pela instituição social do tempo num sistema de autodisciplina que abarque toda a existência do indivíduo ilustra, explicitamente, a maneira como o processo civilizador contribui para formar os *habitus* sociais que são parte integrante de qualquer estrutura de personalidade. Nem sempre é fácil essa transformação da coerção externa, exercida pela instituição social do tempo, num certo tipo de consciência do tempo, característica do indivíduo, como atestam os casos de rejeição compulsiva da pontualidade. No entanto, ela ajuda a compreender o ponto de vista segundo o qual seria em virtude de um traço inato de nossa consciência que nós nos sentiríamos obrigados a inserir todo e qualquer acontecimento no curso do tempo. Essa é uma particularidade de nossos *habitus* sociais que, ao refletirmos sobre ela, apresenta-se como uma particularidade de nossa natureza, e portanto, da natureza humana em geral. O subjetivismo filosófico extrai sua força de persuasão, em grande parte, dessa falsa interpretação do sentimento de irreversibilidade ligado à experiência que cada um tem do tempo.

Não é muito difícil, acompanhando essa pista, evitar as armadilhas da epistemologia clássica. Uma comparação, mesmo meio capenga como todas, não será inútil. A determinação do tempo tem funções precisas, as quais, por sua vez, podem modificar-se de maneira específica no correr do desenvolvimento da sociedade. A mensuração do tempo e os instrumentos que requer transformam-se paralelamente. Ainda hoje, o estatuto ontológico do tempo permanece obscuro, de modo geral. Meditamos sobre ele, sem saber muito bem com que tipo de objeto estamos lidando. O tempo é um objeto natural, um aspecto dos processos naturais, um objeto cultural? Ou será em virtude de o designarmos por um substantivo que nos iludimos com seu caráter de objeto? O que é, afinal, que realmente indicam os relógios, ao dizermos que dão a hora?

Talvez possamos dar um passo adiante ao comparar o tempo com um instrumento, ou seja, com algo que os homens criaram "no correr do tempo" e que desempenha algumas funções muito precisas. Tomemos o exemplo de um barco. Seria estranho pretendermos que o barco tivesse o mesmo estatuto ontológico do mar ou do rio. Não menos estranho seria declararmos que o construtor do barco adaptou-se a um conceito transcendental de barco que existiria em si, fora de todo e qualquer ensinamento e independente de toda e qualquer experiência dos rios ou dos oceanos, ainda que o objetivo de um barco seja, de fato, navegar por eles. É claro que o barco foi construído pelo homem com um objetivo definido e que, se não existissem seres humanos, não haveria barcos. Do mesmo modo, num mundo privado de homens ou de seres vivos de tipo semelhante, não haveria tempo e não encontraríamos relógios nem calendários. Mas essa comparação faz-nos penetrar inopinadamente num universo de pensamento tradicional, onde o tempo é considerado como uma simples representação, ou como uma ideia sobre a qual nos perguntamos, antes de mais nada, se ela é ou não um *decalque* fiel da realidade. Como objeto da reflexão, porventura não se reduz o tempo, com efeito, a uma representação forjada pelo indivíduo? Antes de responder a essa pergunta, gostaria de acrescentar algumas reflexões.

Assim como os relógios e os barcos, o tempo é algo que se desenvolveu em relação a determinadas intenções e a tarefas específicas dos homens. Nos dias atuais, o "tempo" é um instrumento de orientação indispensável para realizarmos uma multiplicidade de tarefas variadas. Dizer, porém, que é um meio de orientação criado pelo homem traz o risco de levar a crer que ele seria *apenas* uma invenção humana. E esse "apenas" traduz nossa decepção diante de uma "ideia" que não seja o reflexo fiel de nenhuma realidade externa. Ora, o tempo não se reduz a uma "ideia" que surja do nada, por assim dizer, na cabeça dos indivíduos. Ele é também uma instituição cujo caráter varia conforme o estágio de desenvolvimento atingido pelas sociedades. O indivíduo, ao crescer, aprende a interpretar os sinais temporais usados em sua sociedade e a orientar sua conduta em função deles. A imagem mnêmica e a representação do tempo num dado indivíduo dependem, pois, do nível de desenvolvimento das instituições sociais que representam o tempo e difundem seu conhecimento, assim como das experiências que o indivíduo tem delas desde a mais tenra idade.

Nas sociedades avançadas, os relógios ocupam um lugar eletivo dentre os dispositivos destinados a representar o tempo, mas não são o tempo. Este tem, em si mesmo, um caráter instrumental, mas de um tipo particular. Deparamos aqui com o problema específico da relação entre o tempo e os relógios. Que relação existe entre o processo físico que está na base de qualquer instrumento de medição do tempo — por exemplo, um mecanismo de relojoaria — e sua função social de indicador da hora? Em sua qualidade de indicador da hora, o instrumento emite mensagens em resposta a interrogações humanas, da mesma maneira que o papel e a tinta de impressão são os suportes físicos de mensagens dirigidas aos leitores dos jornais. Ora, quer se trate dos relógios ou do curso aparente do Sol ao redor da Terra, os instrumentos de determinação do tempo são sempre sequências observáveis de acontecimentos, ou, no caso dos calendários, sequências simuladas de acontecimentos, sob uma forma escrita ou impressa. Ao mesmo tempo, entretanto, eles são diferentes das séries de acontecimentos de caráter físico. Um processo físico só se torna instrumento de determinação do tempo na medida em que, consideradas as suas propriedades físicas, é associado a um símbolo social móvel, sob a forma de informação ou de regulação, que esteja inserido no sistema de comunicação das sociedades humanas. Os instrumentos de medição do tempo, seja qual for a sua natureza, sempre transmitem mensagens. Os relógios, sem sombra de dúvida, são mecanismos físicos construídos pelos homens. Mas são dispostos de maneira a se integrarem, por exemplo, através do deslocamento de ponteiros num mostrador em nosso mundo de símbolos.

A disposição dos ponteiros tem por função indicar aos seres humanos a posição que eles e outros ocupam atualmente no vasto fluxo do devir, ou então, de quanto tempo precisaram para ir de um lugar a outro. Os símbolos artificiais inscritos em ponteiros de configurações mutáveis, assim como nas datas sempre novas indicadas pelos calendários, *são* o tempo. *São* treze horas e dez minutos, agora. O tempo é isso. É necessária, aqui, uma certa prudência no uso que fazemos da linguagem. Podemos legitimamente afirmar que o relógio indica o tempo, mas ele o faz através de uma produção contínua de símbolos que só têm significação num mundo em cinco dimensões, num mundo habitado por homens, isto é, por seres que aprenderam a associar às figuras perceptíveis imagens mnêmicas específicas, e portanto, um sentido bem determinado. A particularidade do tempo está no fato de que se utilizam símbolos — hoje em dia, símbolos essencialmente numéricos — como meios de orientação no seio do fluxo incessante do devir, e isso em todos os níveis de integração, tanto física quanto biológica, social e individual.

Isso não significa que possamos dissociar de suas propriedades físicas a dimensão simbólica de um instrumento de medição do tempo. Assim como, na linguagem, estruturas sonoras de caráter físico e imagens mnêmicas fundem-se para produzir símbolos, também no relógio uma quinta dimensão, característica da comunicação entre os homens, vem juntar-se às quatro dimensões próprias de todo movimento que se efetua através do espaço e do tempo. Por intermédio do relógio, é uma espécie de mensagem que um grupo humano dirige a cada um de seus membros individuais. O mecanismo do relógio é organizado para que ele transmita mensagens e, com isso, permita regular os comportamentos do grupo. O que um relógio comunica, por intermédio dos símbolos inscritos em seu mostrador, constitui aquilo a que chamamos tempo. Ao olhar o relógio, sei que são tantas ou quantas horas, não apenas para mim, mas para o conjunto da sociedade a que pertenço. Além disso, os símbolos legíveis no mostrador me dão informações sobre diversos aspectos do devir cósmico, como, por exemplo, a posição recíproca do Sol e da Terra na sucessão ininterrupta de seus movimentos. Eles me informam se é dia ou noite, manhã ou tarde. O tempo tornou-se, portanto, a representação simbólica de uma vasta rede de relações que reúne diversas sequências de caráter individual, social ou puramente físico.

Tudo isso contribui, ao que parece, para modificar nossa concepção das relações entre indivíduo, sociedade e natureza. Em nossa época, ainda nos servimos amplamente de um aparelho conceitual que traça uma linha demarcatória muito clara entre os planos da integração física, social e individual. Mas, no que concerne, em particular, à situação do indivíduo no interior do mundo, as representações reinantes têm sido um tanto questionadas. Muitas vezes, o indivíduo parece sentir-se um ser isolado frente à totalidade do universo e se comportar como convém. Do mesmo modo, a sociedade e a natureza aparecem frequentemente como mundos separados. Uma reflexão sobre o tempo deve permitir corrigir essa imagem de um universo dividido em setores hermeticamente fechados, desde que reconheçamos a imbricação mútua e a interdependência entre natureza, sociedade e indivíduo.

Basta olharmos para um relógio ou um calendário para nos darmos conta disso. Ao constatar, por exemplo, que é meio-dia do décimo segundo dia do décimo segundo mês do ano de 1212, fixamos, simultaneamente, um marco temporal no fluxo de uma vida individual, na evolução de uma sociedade e no devir da natureza. Em seu atual estágio de desenvolvimento, a noção de tempo representa uma síntese de nível altíssimo, uma vez que relaciona posições que se situam, respectivamente, na sucessão dos eventos físicos, no movimento da sociedade e no curso de uma vida individual.

O tempo dos calendários é um bom exemplo dessa síntese. Na representação simbólica dos anos inserem-se as unidades simbólicas correspondentes aos meses, semanas e dias, os quais se repetem regularmente a determinados intervalos. A relação entre esses símbolos temporais e os símbolos dos processos naturais a que eles estiveram primitivamente associados, os quais parecem ser recorrentes, não desapareceu por completo, mas há muito já não é tão estreita quanto em estágios anteriores da civilização. Aprendemos a eliminar algumas irregularidades apresentadas pelas relações entre os movimentos dos corpos celestes, tais como o Sol e a Lua. Elas se haviam tornado acentuadas demais, enquanto a sociedade tinha uma necessidade cada vez maior de regularidade no escoar do tempo. Não era nada simples a tarefa de estabelecer uma correspondência, graças ao calendário, entre sequências de acontecimentos físicos e as exigências oriundas dos processos sociais. Foram precisos vários milhares de anos para que a humanidade aprendesse a organizar o calendário de maneira a evitar a divergência que renascia ininterruptamente entre, de um lado, as representações do tempo de origem humana, unidades simbólicas recorrentes, exigidas pela regulação da vida social, e, de outro, os mecanismos físicos que serviam de modelo para essas representações simbólicas. Se a noção de tempo parece evidente nas sociedades avançadas, talvez seja porque os instrumentos de medição do tempo, como os calendários, funcionam nelas com facilidade.

No interior da sociedade a que pertence, o indivíduo comumente dispõe de uma certa margem de autonomia, tem uma certa latitude em seu poder de decisão. Também a humanidade dispõe de uma margem de autonomia e de um certo poder decisório, no interior de uma natureza que é alheia ao homem e que ela não controla. Mas esses espaços de liberdade, que podem ampliar-se ou se restringir, têm limites, e o curso externo da natureza sempre tem a última palavra. No entanto, foi ele que produziu esses seres dotados do mais alto nível de organização que se conhece até hoje, isto é, os homens, os quais possuem, entre outras coisas, a capacidade de se comunicar por intermédio de símbolos sociais específicos, que não estão inscritos em seus genes, mas que eles inventaram e dos quais se servem para se orientar no mundo.

Para deixar claro o caráter simbólico do tempo, talvez seja útil lembrarmos que a forma dominante da comunicação humana é a que se efetua por meio de símbolos sociais. Todo indivíduo, ao crescer, aprende a se comunicar na língua de seu grupo, a qual se torna parte integrante de sua personalidade. Em outras palavras, no contexto da sociedade formada pelos homens, o "múltiplo" tem a particularidade de não constituir somente um "mundo externo", estranho ao indivíduo, mas de suas manifestações virem, ao contrário, inscrever-se na própria estrutura da "individualidade". A transformação sempre renovada da língua da sociedade numa linguagem individual é apenas um dos inúmeros exemplos dessa individualização dos dados coletivos. Esse processo, com demasiada frequência, é desconhecido ou mascarado pela socialização do indivíduo, que é correlata dele.

Aqui aparece, mais uma vez, uma concepção do homem que coloca o "indivíduo" no centro e faz da "multiplicidade" uma coisa da ordem do adicional. Através do conceito de socialização, formamos uma imagem da vida coletiva e de suas restrições como algo que viria somar-se ao indivíduo, de fora para dentro. O ponto de vista individualista assume aqui uma forma ainda bastante moderada e parcialmente aceitável. Às vezes, porém, isso já não acontece, como é o caso das teorias da ação que remontam a Max Weber. Como em relação às teorias geocêntricas, é compreensível que o sujeito possa, sem maiores considerações, confiar em sua própria experiência e generalizá-la a ponto de encarar o "indivíduo" como ponto de partida de qualquer reflexão referente ao vasto mundo. Nessa perspectiva, o indivíduo constitui a realidade inicial a partir da qual o pensamento procura então tornar inteligível, para si mesmo, a vida coletiva dos homens no seio das sociedades. Essa maneira de construir teorias sociológicas, partindo do indivíduo, ganha uma acentuação particular quando, ainda mais, o pensamento reduz a realidade do indivíduo à da ação individual. A sociedade afigura-se então um mosaico de atos individuais, praticados por seres individuais. O que nos faz lembrar estas linhas de Morgenstern:

Vai um joelho sozinho pelo mundo.
É só um joelho, nada mais!

Dir-se-ia, portanto, que também as ações podem andar sozinhas pelo mundo, a menos que se reúnam em bandos e com isso formem sociedades.

Será difícil compreender o homem em sua totalidade, se primeiro o imaginarmos vagando sozinho pelo mundo e apenas secundariamente adaptando sua conduta à dos outros homens. Todo homem pressupõe outras condutas antes dele. Uma criança só se torna um ser humano ao se integrar num grupo — por exemplo, ao aprender uma língua já existente, ou ao assimilar as regras de controle das pulsões e dos afetos que são próprias de uma civilização. Isso é necessário não somente com vistas à coexistência com os outros, mas também em prol das necessidades da existência individual, do acesso à condição de indivíduo humano e da sobrevivência.

A multiplicidade dos seres humanos traduz-se por uma forma de ordem singular. O que há de único na vida em comum dos homens gera realidades particulares, especificamente sociais, que são impossíveis de explicar ou compreender a partir do indivíduo. A língua é uma boa ilustração disso. Que impressão nos causaria descobrir, ao acordarmos numa bela manhã, que todos os outros homens falam uma língua que não compreendemos? Sob uma forma paradigmática, a língua encarna esse tipo de dados sociais, que pressupõem uma multiplicidade de seres humanos organizados em sociedade e os quais, ao mesmo tempo, não param de se reindividualizar. Esses dados como que se reimplantam em cada novo membro de um grupo, norteiam seu comportamento e sua sensibilidade, e constituem o *habitus* social a partir do qual se desenvolverão nele os traços distintivos que o contrastarão com os outros no seio do grupo. O modelo linguístico comum admite variações individuais, até certo ponto. Mas, quando essa individualização vai longe demais, a língua perde sua função de meio de comunicação dentro do grupo.

Entre outros exemplos, citemos a formação da consciência moral, das modalidades de controle das pulsões e afetos numa dada civilização, ou o dinheiro e o tempo. A cada um deles correspondem maneiras pessoais de agir e sentir, um *habitus* social que o indivíduo compartilha com outros e que se integra na estrutura de sua personalidade. Assim, nas sociedades que insistem num respeito escrupuloso pela honestidade em matéria de dinheiro, existe toda uma gama de comportamentos individuais cuja diversidade atesta as dificuldades com que depara a individualização de modelos sociais: alguns obedecem a uma espécie de compulsão, tomam emprestadas pequenas somas em dinheiro à menor oportunidade e se esquecem de pagá-las; outros não conseguem impedir-se de viver acima de suas posses. Do mesmo modo, em sociedades que atribuem grande importância à autodisciplina em matéria de respeito aos horários, sempre deparamos com indivíduos cuja impontualidade tem qualquer coisa de compulsivo.

Sem dúvida, ainda é difícil, hoje em dia, imaginarmos concretamente a formação de um *habitus* individual a partir de um *habitus* social. No quadro conceitual vigente, temos dificuldade de formular aquilo que constitui o caráter particular das sociedades humanas, isto é, o fato de que o indivíduo só consegue tornar-se uma pessoa relativamente autônoma, com uma personalidade bem afirmada e, portanto, mais ou menos única em seu gênero, aprendendo com os outros, assimilando modelos sociais de autodisciplina. Dizer que a linguagem é um meio de socialização não traduz realmente o caráter específico desse processo de aprendizagem. No homem, comparado a outras espécies vivas, os meios de comunicação naturais e inatos regrediram intensamente. Decorre daí que o indivíduo é mais dependente de um meio de comunicação como a linguagem, que, embora se assente em bases biológicas, é objeto de uma aprendizagem. Como meio de comunicação utilizado por uma multiplicidade de seres humanos, a língua já existe no momento em que um indivíduo aprende a se valer dela. Assim, não é despropositado falarmos aqui de uma individualização da língua.

Além disso, os símbolos linguísticos que se desenvolvem através do uso que um grupo humano faz deles não se reduzem a sua função de meios de comunicação. Eu gostaria apenas de lembrar aqui que, no meio humano, os símbolos especificamente sociais adquiriram uma função de meios de orientação e, portanto, de conhecimento. Tal como a própria língua — e justamente sob a forma de símbolos linguísticos —, um tesouro de saber, transmissível de uma geração para outra, está sempre presente no grupo humano, antes que um determinado indivíduo se integre nele e individualize esse saber social, através de uma aprendizagem preparada e possibilitada pelo potencial de crescimento de que ele disponha. O fato de os homens deverem e poderem se orientar em seu mundo adquirindo um saber, e de, com isso, sua vida individual e coletiva depender totalmente da aprendizagem de símbolos sociais, é uma das particularidades que diferenciam o ser humano de todos os outros seres vivos.

Ora, o tempo faz parte dos símbolos que os homens são capazes de aprender e com os quais, em certa etapa da evolução da sociedade, são obrigados a se familiarizar, como meios de orientação. Também nesse caso, podemos falar da individualização de um fato social. Mas, se a autorregulação dos falantes individuais em relação à língua do grupo é própria de toda a espécie humana

— resultado, ao que parece, de um longo processo evolutivo nos hominídeos —, a autorregulação em relação a uma cronologia só se instaurou muito progressivamente ao longo da evolução humana. E foi num estágio relativamente tardio que o "tempo" se tornou símbolo de uma coerção universal e inelutável. Ao longo deste livro, sem dúvida se evidenciará com mais clareza que essa coerção do tempo é de natureza social, posto que é exercida pela multidão sobre o indivíduo, mas também repousa sobre dados naturais, como o envelhecimento. Pensar o indivíduo a partir da multidão, pensar em termos de configurações, exige um nível de distanciamento em relação a si mesmo que, em sua essência, ainda não foi atingido. Um certo engajamento ideológico, em particular, pode entravar a compreensão disso. Essa referência à necessidade de o pesquisador da área de ciências humanas pensar o homem individual a partir da realidade coletiva passa, vez por outra, por uma expressão da convicção política de que a "sociedade" teria mais valor do que o "indivíduo". Mas, não nos estamos interrogando aqui sobre o que *deveria ser* a relação do "indivíduo" com a "sociedade": interrogamo-nos sobre o que ela *é*. Em outras palavras, trata-se de um problema de diagnóstico.

Entendido como um problema que requer o exame de fatos e, portanto, como um instrumento de diagnóstico sociológico, o surgimento de um caráter cerceador do tempo revela-se rico em ensinamentos. E o mesmo se aplica à relação indivíduo/sociedade nesse contexto. Que o tempo é sentido como uma força misteriosa, que exerce sua coerção sobre nós, certamente não é um fato novo. Horácio já escrevia:

Eheu fugaces, Postume, Postume,
Labuntur anni...[1]
[Ai, quão fugazes, Póstumo, Póstumo,
escoam os anos...]

Esses versos, onde o poeta exala sua queixa sobre o correr dos anos efêmeros, chegam até nós com um frescor intacto. Horácio também atribuía a símbolos temporais de origem humana — os anos — as propriedades de escoamento e impermanência que caracterizam o encaminhamento da vida individual para a morte, um processo natural a que, no entanto, o poder regulador dos símbolos sociais impõe uma certa ordem. Desde que existem homens, e certamente já em nossos ancestrais não humanos, a vida sempre seguiu o mesmo curso, do nascimento até a morte, independentemente da vontade ou da consciência dos homens. Mas a ordenação desse processo, sob a forma do correr dos anos, só se tornou possível a partir do momento em que os homens desenvolveram, para suas próprias necessidades, o símbolo regulador do ano.

E no entanto, nas civilizações da Antiguidade, a sociedade não tinha a mesma necessidade de medir o tempo que os Estados da era moderna, para não falar das sociedades industrializadas de hoje. Em numerosas sociedades da era moderna, surgiu no indivíduo, ligado ao impulso coletivo para uma diferenciação e uma integração crescentes, um fenômeno complexo de autorregulação e de sensibilização em relação ao tempo. Nessas sociedades, o tempo exerce de fora para dentro sob a forma de relógios, calendários e outras tabelas de horários uma coerção que se presta eminentemente para suscitar o desenvolvimento de uma autodisciplina nos indivíduos. Ela exerce uma pressão relativamente discreta, comedida, uniforme e desprovida de violência, mas que nem por isso se faz menos onipresente, e à qual é impossível escapar.

O fato de essa regulação social do tempo começar a assumir um aspecto individual, desde uma etapa muito precoce da vida, contribui em larga escala, certamente, para consolidar nossa consciência pessoal do tempo e torná-la inabalável. Os homens dotados dessa estrutura de personalidade tendem a apreender todas as sequências de acontecimentos — físicos, sociais ou pessoais —, em função dos símbolos reguladores temporais utilizados em sua sociedade, como se isso fosse uma característica de sua própria natureza e, em última análise, da natureza humana em geral. Isso nada tem de surpreendente, pois quem tem uma consciência do tempo tão profundamente arraigada, tão uniforme e tão onipresente, sente dificuldade de imaginar que existam outros seres humanos desprovidos dessa necessidade constante de se situarem no tempo. Essa individualização da regulação social do tempo apresenta, em caráter quase paradigmático, os traços de um processo civilizador.

Há outro fator que entra em consideração. Quando os símbolos atingem um grau sumamente alto de adequação à realidade, torna-se difícil, num primeiro momento, distingui-los dessa mesma realidade. É o que acontece hoje em dia com símbolos cronológicos como os calendários, que, embora sejam suscetíveis de aperfeiçoamento, atingiram um grau sem precedentes de adequação à realidade. Essa equivalência, aos olhos de muitos, confunde a distinção entre, por um lado, as sequências de acontecimentos que balizam a própria vida e, por outro, a relação construída pela civilização humana entre essas sequências e aquelas em que repousam os calendários. Assim, muitos não conseguem impedir-se de ter a impressão de que é o próprio tempo que passa, quando, na realidade, o sentimento de passagem refere-se ao curso de sua própria vida e também, possivelmente, às transformações da natureza e da sociedade.

Sem dúvida alguma, a capacidade que têm os homens de se orientar e de conviver, ajustando reciprocamente suas condutas com a ajuda de símbolos reguladores, também faz parte da realidade. Nesse sentido, é inoportuno evocar uma adequação maior ou menor dos símbolos à realidade. Mas, talvez seja suficiente assinalar que a comunicação por meio de símbolos sociais específicos é, ao mesmo tempo, possibilitada pela natureza humana e necessária a ela.

Deixaremos em aberto, neste ponto, a questão das consequências de ordem semiótica e epistemológica acarretadas pelo reconhecimento do fato de que, no próprio saber, no encontro dos mundos simbólico e não simbólico, a natureza, metaforicamente falando, encontra-se consigo mesma. A ideia de um "sujeito" que, por uma espécie de acaso ontológico, seria projetado num mundo de "objetos", ideia que era tão cara à antiga epistemologia, já pertence ao passado.

Em contrapartida, há que nos interrogarmos sobre o que pode significar o grau relativamente elevado de autodisciplina, em relação ao tempo social, que caracteriza os homens dos Estados industriais avançados: sob qual aspecto indica ele a direção por onde envereda um certo processo civilizador? O fato de essa sensibilidade ao tempo, onipresente e sempre vígil, ser o sinal de um processo de civilização é algo que só se evidencia, sem dúvida, ao compararmos esse *habitus* social com o de homens que vivem em sociedades de estrutura mais simples, menos exigentes quanto à exatidão temporal. Durante milênios, houve grupos humanos que puderam viver sem relógios e sem calendários. Os membros dessas sociedades tampouco tinham que desenvolver um tipo de consciência individual que os obrigasse a se orientarem permanentemente em relação ao contínuo escoar do tempo, o que não significa que fossem desprovidos de toda e qualquer consciência individual. Os seres humanos são feitos de tal modo que suas chances de sobrevivência, tanto no plano individual quanto em termos coletivos, são muito pequenas, caso não desenvolvam desde a infância seu potencial natural de autodisciplina frente à irrupção momentânea de suas pulsões e impulsos afetivos, e isso no âmbito de uma comunidade humana, segundo normas precisas de regulação das condutas e dos sentimentos.

O que se modifica no curso de um processo civilizador, antes de mais nada, são esses tipos de autorregulação e a maneira como eles são integrados. Vista por esse prisma, a consciência do tempo é um exemplo esclarecedor. A noção de processo civilizador é frequentemente vulgarizada hoje em dia. Por vezes, reduzem-na a um aumento e um reforço constantes das restrições que os indivíduos impõem a si mesmos, o que pode acarretar mal-entendidos. Sem dúvida, alguns processos vão nesse sentido. Mas essa maneira de compreender a teoria da civilização sugere que as restrições autoimpostas, nas sociedades menos complexas, seriam uniformemente fracas ou ausentes, enquanto as descargas afetivas e pulsionais seriam uniformemente intensas em todas as áreas da vida. Na realidade, o *habitus* social dos membros dessas sociedades está ligado a restrições que variam com frequência: em algumas situações de vida, elas são muito mais extensas e rigorosas do que as modalidades de autodisciplina exigidas nas sociedades desenvolvidas; noutras, permitem descargas afetivas e pulsionais que ultrapassam largamente, em termos de violência e espontaneidade, os limites dos modelos de comportamento considerados aceitáveis nas sociedades desenvolvidas. Se compararmos os modos de autodisciplina em vigor nessas sociedades relativamente simples com os das sociedades industriais altamente desenvolvidas, o que saltará aos olhos, antes de mais nada, será a variabilidade muito maior dos primeiros. O comportamento muito mais ritualizado e formalizado, que implica um grau correspondente de prudência e autocontrole em certas situações, caminha de mãos dadas com uma liberdade desenfreada dos afetos, em outras. As oscilações pendulares do comportamento e do humor, autorizadas ou até encorajadas pela sociedade, têm aqui uma amplitude maior. A relação entre as restrições sofridas e as restrições autoimpostas também é diferente, simplesmente pelo fato de que a consciência de estar evoluindo dentro de um mundo povoado de espíritos, geralmente onipresente, afeta de maneira sistemática a conduta e a sensibilidade dos homens.

Essa impressão dominante de estar vivendo num mundo povoado de espíritos é uma característica comum dos estágios de desenvolvimento do conhecimento nos quais ainda não existe — nem pode existir — nenhuma fronteira claramente traçada entre os seres animados e os processos inanimados. Nesses estágios, tal distinção ainda é vaga nos símbolos utilizados pelos grupos humanos. Tudo o que acontece pode provir de uma vontade e visar a um objetivo, e objetos como o sol, uma árvore, uma pedra, ou até um barco podem agir à maneira dos homens. Nos estágios posteriores, essas representações, sejam elas coletivas ou individuais, são consideradas fantasiosas. Esses símbolos desempenham funções de orientação e de regulação, mesmo que não seja fácil decidir se as restrições que eles exercem são de ordem externa ou interna. Nessas situações, os seres humanos aprendem a se autodisciplinar de uma certa maneira e, conforme o caso, a praticar violências contra seus semelhantes, por acreditarem que é isso que os espíritos desejam. Assim, a crença nos espíritos pode desempenhar um papel no campo da consciência moral. Grupos humanos que talvez ainda não estejam em condições de controlar bem suas pulsões e afetos, mediante suas próprias forças, encontram ajuda junto a figuras imaginárias que, ao lhes imporem restrições aparentemente externas, reforçam suas faculdades de autodisciplina.

Seja como for, as vontades e intenções desses espíritos e outras criaturas da imaginação, mais ou menos antropomórficas, são menos previsíveis do que os processos mecânicos submetidos a leis às quais, nos estágios mais avançados de civilização, remetemos boa parte dos fenômenos naturais. Nos estágios primitivos, o nível de perigo é mais elevado; por isso mesmo, a segurança pessoal dos indivíduos é mais frágil. A formalização e a ritualização do contato com os espíritos, bem como com os seres humanos, servem para aplacar as incertezas e angústias correspondentes a esse nível de perigo. Nessas sociedades de estrutura mais simples, os rituais de contato, que ao mesmo tempo servem, no plano simbólico, para designar posições sociais, são observados com grande rigor, como, por exemplo, na maneira de receber uma visita ou nas relações de um pai com seus filhos. A precisão no respeito em relação aos rituais é ainda mais importante, nesse caso, na medida em que o nível geral de perigo — inclusive o perigo da perda da posição social, e portanto, da insegurança que rege as relações dos homens entre si e com as forças naturais — é mais elevado nesses estágios de desenvolvimento. Ademais, nesses grupos humanos em que a mobilidade geográfica é reduzida, as perdas de posição, uma vez ocorridas, costumam revelar-se irremediáveis.

Uma comparação com a situação dessas sociedades mais simples mostra a que ponto o nível de perigo e de insegurança pessoal reduziu-se em nossas sociedades desenvolvidas, graças, antes de mais nada, aos progressos obtidos no controle das forças naturais, que acarretam uma dependência menor em relação a suas variações. Em função disso, os modelos de regulação autônoma da conduta apresentam, nessas sociedades, diferenças específicas em relação a seus homólogos nas sociedades menos avançadas. As modalidades de autodisciplina costumam seguir uma via intermediária. Comparadas às das sociedades que permaneceram em estágios anteriores de desenvolvimento, são mais moderadas e uniformes, porém, em contrapartida, são mais restritivas, como a própria preocupação com a pontualidade. Tal como esta, elas dominam de forma idêntica todos os setores da vida, só relaxando um pouco, talvez, no campo das relações mais íntimas. De um modo geral, entretanto, o controle social impede que as modalidades de autodisciplina sejam submetidas a variações muito acentuadas nos indivíduos. Reencontramos a ideia de que a diferença entre as fases antigas e recentes do processo civilizador não está na falta de autodisciplina, num caso, e em sua presença, no outro. O que muda é a relação entre as coerções externas e as coerções internas e, em particular, os tipos de autodisciplina e seu modo de integração.

Mas isso implica que um certo modelo de pensamento, que goza de grande credibilidade e cuja justeza muitas vezes parece ser evidente, revela-se inadequado. Os homens das sociedades desenvolvidas tendem a considerar como traços naturais inatos as restrições exercidas por seu caráter individual, e mediante as quais eles se distinguem em maior ou menor grau de seus semelhantes. No entanto, a maneira como eles mesmos se pautam no curso incansável do tempo dos relógios e dos calendários é um bom exemplo, dentre muitos outros, do papel decisivo que as restrições ligadas à participação numa determinada sociedade desempenham, ao lado das pulsões geneticamente determinadas, na construção da personalidade de cada um. Essa constatação nos afasta de uma certa imagem do homem que prevaleceu entre os grandes pensadores da era moderna. De Descartes aos existencialistas do século XX, o homem a-social, sob aparências ora naturalistas, ora metafísicas, permanece sempre no centro de sua visão. E, na maioria das vezes, trata-se até de um sujeito, digamos, acósmico, a tal ponto sua vida parece independente do universo físico. Nesse ponto, estamos na presença de uma tradição curiosamente egocêntrica, na qual o sujeito individual só se preocupa consigo mesmo.

A investigação sobre o tempo que leremos neste livro sugere uma imagem inteiramente diferente do homem. Nesse levantamento, o homem individual já não ocupa o lugar central. Nesse caso, a natureza não mais se reduz a um mundo de objetos externos ao indivíduo, nem a sociedade a um círculo de estranhos no qual o indivíduo se integraria, por assim dizer, por acaso. O tempo dos calendários ilustra com simplicidade essa pertença do indivíduo a um universo onde existe uma profusão de outros seres humanos, ou seja, uma realidade social, e múltiplos processos físicos, ou seja, um mundo natural. Com a ajuda de um calendário, cada um pode determinar com precisão o ponto em que ele mesmo veio se inserir no fluxo dos processos sociais e físicos. Os dias do mês constituem um motivo temporal cuja repetição marca, simbolicamente, o retorno de nosso aniversário, enquanto, no plano social, e seja qual for a era de referência — islâmica, cristã, judaica ou japonesa —, a acumulação de milênios que não voltarão jamais coloca à disposição do indivíduo uma série de símbolos que lhe permitem calcular, desde seu nascimento, o número de vezes em que, o Sol, em seu movimento aparente, tornou a ocupar uma posição socialmente padronizada — em outras palavras, quantos anos já tem atrás de si. Graças ao tempo dos calendários, podemos também determinar a idade das sociedades ou a duração dos processos sociais e de suas fases ou épocas.

Mais recentemente, a cosmologia apoderou-se da duração de um tipo de processo físico, padronizado desde o início, para fins sociais, sob o nome de ano, para determinar a duração ou a velocidade de outras sequências de eventos físicos. Não são somente a idade de um indivíduo, a "idade" de uma sociedade ou a duração de certos processos sociais, mas também a "idade" do universo em que vivemos, que é possível calcular com exatidão, exclusivamente com base em seu relacionamento com o ano solar. Essa determinação proporciona aos homens uma orientação melhor no interior de seu mundo e, talvez, no fim das contas, também um controle mais eficaz dos perigos que os ameaçam.

Isso não quer dizer que essa determinação da duração da evolução cósmica e de outros processos físicos, mediante o simbolismo geocêntrico do ano solar — que representa, afinal de contas, um número determinado de revoluções aparentes do Sol em torno da Terra — não corresponda à realidade. Contudo, tal relacionamento de processos como os do universo ou da luz com as revoluções aparentes do Sol só pode ter sentido e objetivo para seres como os humanos. É somente no nível do homem que os seres pertencentes à natureza adquirem o poder de síntese que lhes permite representar, através de seus símbolos sociais, tanto o devir do universo quanto o movimento aparente do Sol ao redor da Terra. Uma longa evolução social é necessária para que os homens aprendam a desenvolver símbolos relativos a representações complexas como essas, símbolos sem os quais eles não poderiam comunicar-se a propósito dessas representações, nem tampouco guiar-se por elas.

O tempo, como dissemos, é um símbolo representativo desses tipos de sínteses aprendidas no âmbito de uma sociedade. Uma das dificuldades com que deparamos em nossas investigações decorre do fato de os homens ainda não haverem adquirido uma consciência clara da natureza e do modo de funcionamento dos símbolos que eles mesmos aperfeiçoaram e que constantemente utilizam. Assim, correm o risco de se perder na densa floresta de seus próprios simbolismos. O tempo é um exemplo deles. Os calendários estabelecidos pelos homens e os mostradores dos relógios atestam o caráter simbólico do tempo. E, a despeito de tudo, o tempo tem sido, muitas vezes, um enigma para os homens. Resta muito a ser feito para elucidar a natureza particular dos símbolos humanos. Contribuir para essa tarefa é um dos objetivos deste livro. Ele não versa nem sobre o tempo do lazer nem sobre o tempo do trabalho. Mal chega a evocar questões atuais. Sem dúvida será possível ver nele, entre outras coisas, uma ilustração do interesse que pode apresentar a exploração de camadas da vida coletiva relativamente pouco implicadas nas questões da atualidade.

Não pude fornecer aqui senão elementos de interpretação dos símbolos sociais necessários para permitir que nossa interpretação do tempo abra caminho entre as alternativas filosóficas tradicionais do subjetivismo e do objetivismo, do nominalismo e do realismo. Assim deverá ser possível fornecer, aos indivíduos submetidos a uma disciplina relativa à dimensão do tempo, uma compreensão melhor deles mesmos e da condição humana em geral.

Na leitura deste livro, sem dúvida se perceberá que, através de uma investigação sobre o tempo, o que se desenvolve é uma teoria sociológica de vasto alcance, a partir de alguns elementos essenciais. Um desses elementos é uma teoria sociológica do saber e da atividade de conhecimento.[2] Ela é sociológica na medida em que o objeto do saber não mais é o indivíduo, porém o fluxo incontável das gerações, ou, se preferirmos, a evolução da humanidade. Tal mudança de nosso horizonte intelectual torna obsoletos muitos conceitos familiares, ou diminui sua importância. Assim é que algumas modificações, cuja direção examinamos aqui, relacionam-se com um estágio de evolução da sociedade em que a distinção entre história e sistema do saber não tem pertinência. No processo de aprendizagem da humanidade, que se exprime, entre outras coisas, numa mudança da maneira como as coletividades determinam e vivenciam o tempo, não se trata de uma coisa nem da outra. Até mesmo conceitos como "positivista" ou "transcendental" perdem sua significação, a partir do momento em que nos interessamos pelas condições em que a humanidade, e não mais o indivíduo isolado, adquire seu saber, isto é, no desenvolvimento — ao qual não podemos atribuir nenhum começo — dos símbolos sociais que funcionam como instrumentos de orientação.

Ao efetuarmos essa conversão, descobrimos que um dos aspectos essenciais desse processo que interessa à humanidade é uma transformação específica da atitude humana perante os objetos do saber e, certamente, perante outros objetos ainda. Essa mudança se exprime, inequivocamente, através das modificações da estrutura e da forma dos símbolos de que os homens se servem para fins de orientação. Um exemplo evidente disso é o desaparecimento de perguntas como "Quem é o autor do trovão e do raio?", em prol de perguntas como "Qual é a causa do trovão e do raio?". Em nossa construção teórica, essa transformação foi interpretada como uma modificação da relação entre engajamento e distanciamento.[3] As mudanças que afetam o equilíbrio entre essas duas atitudes podem constituir, em sociologia, meios de diagnóstico para determinar as modificações estruturais dos símbolos usados para a orientação, e portanto, para o saber. Eles fornecem aos pesquisadores critérios que lhes permitem reconhecer em que direção se modificam as relações dos homens com seus semelhantes, com eles mesmos e com o que — utilizando um termo que representa um nível relativamente alto de distanciamento — designamos pelo nome "natureza". Nessa perspectiva, a percepção primária da natureza como mundo de espíritos caracteriza um estágio em que o engajamento humano é mais elevado, e sua percepção como natureza pura e simples caracteriza um estágio em que o distanciamento é maior. Todavia, essas modificações do equilíbrio são reversíveis. Ainda que, no que concerne à percepção e ao manejo dos processos naturais, a evolução tenha-se dado no sentido de uma afirmação da supremacia do distanciamento, não podemos descartar a ideia de que a humanidade venha a conhecer uma situação em que os símbolos sociais ligados a uma atividade de pensamento, de linguagem e de conhecimento altamente distanciada transformem-se em símbolos marcados por uma intensa implicação emocional. Encontramos exemplos desse tipo de transformação na época da desintegração progressiva do Império Romano, em sua região ocidental. Mas alguns impulsos limitados nessa mesma direção deixam-se observar constantemente, mesmo durante períodos de crescente distanciamento. O equilíbrio entre engajamento e distanciamento pode, num mesmo momento, ser diferente de um campo do saber para outro. Assim é que, hoje em dia, a primazia do distanciamento é muito mais acentuada e mais garantida na percepção e conhecimento dos processos físicos do que nos dos processos sociais. Esses critérios, aliados a outros, permitem comparar estágios de desenvolvimento diferentes no interior de um grupo humano, ou entre um grupo e outro, e determinar melhor suas diferenças.

O desenvolvimento de nosso patrimônio comum de saber reveste-se de uma importância, para a humanidade, que é sem dúvida subestimada em nossos dias, e é precisamente por isso que vale a pena prestar-lhe maior atenção. Ao fazê-lo, não devemos perder de vista que a direção na qual se desenvolve o saber — seja ela a de um distanciamento maior e de uma adesão mais estreita ao real, seja a de um engajamento mais acentuado e de um investimento mais intenso dos símbolos pelo imaginário — é inseparável da direção tomada pelas transformações das formas da vida comunitária dos homens: é o que acontece com a estrutura e os modos de resolução dos conflitos, a produção e distribuição social de víveres e de tudo o que é necessário à sobrevivência. O desenvolvimento do saber social, a exemplo daquele que se opera nesses outros setores, desempenha também um papel na sobrevivência de todos os grupos humanos e de seus membros, no sentido de que participa ativamente da evolução desses grupos.

O mesmo acontece com a evolução dos *habitus* sociais ligada à civilização. Também nesse caso, a atenção pode localizar-se ora na direção assumida pela evolução geral das unidades, clãs ou Estados, assegurando a sobrevivência da espécie, ora no sentido das modificações que afetam os diferentes setores constituídos pelas disciplinas civilizadoras impostas aos afetos e às pulsões. Quando a atenção é focalizada nestes últimos e em sua evolução, não demoramos a tomar consciência de um problema que é característico da correlação indissolúvel, embora frequentemente submetida a uma clara defasagem temporal, entre as transformações da vida coletiva e as da estrutura de personalidade própria de cada indivíduo: o problema da relação entre coerção externa e coerção autoimposta.

Todo homem, numa certa medida, governa-se a si mesmo. Todo homem, até certo ponto, está sujeito às coerções geradas pelo convívio com seus semelhantes, pela estrutura e evolução de sua sociedade e, finalmente, por necessidades naturais, ao mesmo tempo individuais e comuns, como a necessidade de comer e de beber, ou que provêm da natureza externa, como as ligadas ao calor e ao frio. A margem de decisão dos homens, sua liberdade, repousa no final das contas em sua possibilidade de controlar, de diversas maneiras, o equilíbrio mais ou menos flexível e, aliás, em perpétua evolução entre as diferentes instâncias de onde provêm as restrições. Só faremos desembocar no vazio, portanto, se quisermos sondar a realidade humana desprezando essas limitações que pesam sobre os homens, ou às quais eles se submetem por si mesmos. Muitos pesquisadores que não prestam atenção a essas coerções parecem acreditar que abrirão assim um caminho para a liberdade, porém ignorá-las não as faz desaparecerem do mundo. A relação entre esses diferentes tipos de coerção, as formas de equilíbrio e as configurações que eles constituem variam consideravelmente, conforme os diversos estágios da evolução da humanidade e conforme as diferentes camadas sociais. E a margem de decisão de que dispõem os indivíduos e grupos também varia em consequência disso.

O problema do equilíbrio entre autodisciplina individual e restrição social externa surgiu, inicialmente, no contexto de nossa investigação quanto ao processo civilizador.[4] E ressurgiu no decorrer desta pesquisa dedicada à questão do tempo. Assim, de certa maneira, o círculo se fecha. Essas três pesquisas, a primeira das quais referia-se ao processo civilizador, a segunda, à relação entre o engajamento e o distanciamento, e a última, ao tempo, abordam sob diferentes ângulos problemas semelhantes e, muitas vezes, até idênticos. Por exemplo, a maneira como, anteriormente, havíamos tentado distinguir a direção do processo civilizador, baseando-nos num material empírico detalhado, é confirmada e generalizada na relação particular entre coerção externa e autodisciplina, que a introdução e o texto deste livro colocam em evidência no caso particular do tempo. A enorme internalização das restrições sociais relativas ao tempo é, com efeito, um exemplo paradigmático de um tipo de cerceamento ligado à civilização, que encontramos com frequência nas sociedades desenvolvidas. Os membros dessas sociedades podem observar em si mesmos essa compulsão a se situarem no tempo, enquanto outras modalidades de autodisciplina ligadas à civilização talvez lhes sejam perceptíveis com menos facilidade.

A questão dos símbolos de ordem social só foi elaborada, aqui, na medida em que isso pareceu indispensável para a compreensão do problema do tempo. A exemplo de toda uma série de outros símbolos sociais, o tempo pode exercer, simultaneamente, diversas funções. O conceito de tempo e o vocábulo que o designa constituem, juntos, um exemplo de símbolo comunicativo. Um certo motivo fonético, passível de diferir de uma sociedade para outra — como *Zeit* no mundo germanófono, *temps* no mundo francófono e *time* no mundo anglófono —, associa-se, em todos os membros individuais dessas sociedades, a um motivo mnêmico aprendido, muitas vezes chamado também de "sentido". A pessoa que produz o motivo fonético "tempo" pode esperar que o receptor da mensagem, desde que pertença a uma sociedade da mesma língua, associe a este o mesmo motivo mnêmico, pelo fato de haver aderido à mesma convenção. É esse o segredo da função comunicativa dos símbolos humanos.

Paralelamente, esses símbolos podem desempenhar o papel de instrumentos de orientação. Os físicos servem-se do símbolo "tempo" dessa maneira. Além disso, porém, o mostrador do relógio de uma estação ferroviária evidencia que, nesse caso, estamos lidando com um instrumento de orientação institucionalizado no plano social. O mecanismo desse relógio, que funciona continuamente e de maneira bem determinada, dirige uma mensagem visual institucionalizada a qualquer pessoa capaz de associar a esse motivo visual o motivo mnêmico que convém. Por fim, à função de meio de orientação exercida pelo tempo vem juntar-se mais uma outra: a de instrumento de regulação da conduta e da sensibilidade humanas. A mensagem emitida pelo relógio da estação pode levar uma pessoa a se mover precipitadamente, ou, conforme o caso, a se instalar num restaurante das imediações, na expectativa de uma espera prolongada. A regulação de origem externa e a que provém do próprio indivíduo interferem, aqui, de maneira particularíssima. Ao caráter multifuncional assumido pelo tempo nas sociedades diferenciadas correspondem a extensão e a diversidade de suas utilizações.

Destas últimas, para concluir, daremos um exemplo um tanto inesperado. Podemos indagar de que modo o papel de símbolo desempenhado pelo tempo é conciliável com seu caráter de dimensão do universo físico. Isso talvez seja particularmente surpreendente ao evocarmos um universo com cinco dimensões. É aí que o tempo parece levar uma estranha vida dupla. Tudo o que é perceptível, inclusive a realidade humana, ocupa uma posição em cada uma das quatro dimensões formadas pelo espaço e pelo tempo. Paralelamente, entretanto, o tempo figura aqui como um símbolo e, nessa qualidade, como um representante do mundo humano de cinco dimensões. Que relação recíproca mantêm essas duas determinações do tempo, a que vê nele uma dimensão da totalidade do mundo perceptível e a que faz dele um símbolo social, cujo desenvolvimento acompanha o da vida coletiva?

A resposta, em suma, é a seguinte: existem acontecimentos que podem ser percebidos como tais no fluxo do devir, e portanto, no tempo e no espaço, sem que aqueles que os percebem levem em consideração o caráter de símbolos do tempo e do espaço. Nesse caso, não levamos em conta, por não nos apercebermos dele, o fato de que uma atividade humana ordenadora, uma síntese consciente aprendida, é necessária para que os processos perceptíveis sejam captados como algo situado no espaço e no tempo.

Então se torna possível galgar mais um degrau na escada em espiral da consciência: ao lado do devir quadridimensional, a quinta dimensão, representada pelos homens que apreendem e organizam esse devir, penetra no campo de visão dos observadores. Como observadores do devir quadridimensional, estes últimos veem-se instalados, por sua vez, no degrau imediatamente inferior da escada em espiral. Assim, já não é apenas o devir quadridimensional como tal que se torna visível, mas também, com ele, o caráter simbólico das quatro dimensões, em seu papel de instrumentos de orientação para seres humanos capazes de operações de síntese, como, por exemplo, a de conceberem como ocorrido num mesmo instante aquilo que ocorre sucessivamente e que, portanto, nunca é simultâneo. O tempo, que só era apreendido, no patamar anterior, como uma dimensão do universo físico, passa a ser apreendido, a partir do momento em que a sociedade se integra como sujeito do saber no campo da observação, como um símbolo de origem humana e, ainda por cima, sumamente adequado a seu objeto. O caráter de dimensão universal assumido pelo tempo é apenas uma figuração simbólica do fato de que tudo o que existe encontra-se no fluxo incessante dos acontecimentos. O tempo traduz os esforços envidados pelos homens para se situarem no interior desse fluxo, em que determinam posições, medem durações de intervalos, velocidades de mudanças etc. Para responder à pergunta formulada acima, é preciso construir um modelo no qual homens situados em estágios diferentes percebam e conduzam pesquisas segundo perspectivas diferentes. Quando se trata de universo quadridimensional, os homens ainda não se incluem a si mesmos, como sujeitos da percepção e da observação, em suas percepções e suas observações. Quando subimos um degrau na escala do conhecimento e, em sua condição de sujeito do saber, a humanidade passa a ser incluída nesse mesmo saber, o caráter simbólico dessas quatro dimensões torna-se reconhecível.

*Sobre o tempo**

Este estudo é dedicado ao tempo, mas não apenas a ele, pois trata, paralelamente, de um problema mais amplo. A percepção de eventos que se produzem "sucedendo-se no tempo" pressupõe, com efeito, existirem no mundo seres que sejam capazes, como os homens, de identificar em sua memória acontecimentos passados, e de construir mentalmente uma imagem que os associe a outros acontecimentos mais recentes, ou que estejam em curso. Em outras palavras, a percepção do tempo exige centros de perspectiva — os seres humanos — capazes de elaborar uma imagem mental em que eventos sucessivos, A, B e C, estejam presentes em conjunto, embora sejam claramente reconhecidos como não simultâneos. Ela pressupõe seres dotados de um poder de síntese acionado e estruturado pela experiência. Esse poder de síntese constitui uma especificidade da espécie humana: para se orientar, os homens servem-se menos do que qualquer outra espécie de reações inatas e, mais do que qualquer outra, utilizam percepções marcadas pela aprendizagem e pela experiência prévia, tanto a dos indivíduos quanto a acumulada pelo longo suceder das gerações. É nessa capacidade de aprender com experiências transmitidas de uma geração para outra que repousam o aprimoramento e a ampliação progressivos dos meios humanos de orientação, no correr dos séculos.

É essa função de meio de orientação que hoje concebemos e experimentamos como sendo o "tempo". Essa ideia particular do tempo evoluiu no decurso de um longo processo de aprendizagem, que se propagou por gerações. Muitos fatos atestam que os homens nem sempre apreenderam as sequências de acontecimentos sob a forma que hoje representamos, simbolicamente, com o conceito de "tempo". Primeiro, o poder de síntese de que nossa espécie é dotada teve de ser acionado e estruturado pela experiência, ou, mais exatamente, por uma série de experiências que se estenderam por inúmeras gerações, a fim de que os homens chegassem à representação mental que possuímos das

---

* O autor agradece aos editores da revista de Amsterdam *De Gids* e, em especial, a seu amigo Dr. G. van Benthem van den Bergh, por haverem-no incitado a redigir este ensaio.

sequências temporais. Em outras palavras, a experiência humana do que chamamos "tempo" modificou-se ao longo do passado, e continua a se modificar em nossos dias, não de um modo histórico ou contingente, mas de modo estruturado, orientado e, como tal, passível de explicação. Propomo-nos aqui esboçar em linhas gerais a estrutura e a direção dessas mudanças e indicar por qual via podemos explicá-los. No fundo, os pontos importantes são bem simples.

1

Segundo uma hipótese muito difundida desde Descartes até Kant e para além deles, os seres humanos seriam como que naturalmente dotados de modalidades específicas de ligação dos acontecimentos, dentre as quais figuraria o tempo. Em outras palavras, a ligação sintética dos acontecimentos, sob a forma de sequências temporais que estruturam a percepção humana antes de qualquer experiência, seria independente do patrimônio de saber de uma dada sociedade e não passível de ser aprendida. Admitir essa "síntese *a priori*" implicaria que os homens têm não apenas uma aptidão *geral* para estabelecer tais ligações, mas também uma predisposição que os obriga a estabelecer ligações *específicas* e a construir os conceitos correspondentes, tais como "tempo", "espaço", "substância", "leis da natureza", "causalidade mecânica" etc., noções estas que apresentam, todas elas, o caráter do não aprendido e do imutável.

Mostrarei que essa hipótese não é sustentável. Dentre os poderes naturais do homem figura uma capacidade geral de síntese, isto é, de estabelecimento de relações entre os acontecimentos. Mas, todas as ligações específicas que estabelecemos e todos os conceitos que utilizamos em correspondência com elas, ao falarmos e ao refletirmos, são resultantes da aprendizagem e da experiência. Não se trata aqui, simplesmente, de cada indivíduo particular, mas de uma longuíssima cadeia de gerações através da qual o saber é transmitido, pois uma vida individual é curta demais frente ao processo de aprendizagem necessário para o conhecimento das concatenações específicas representadas pela "causa", pelo "tempo" e por outros conceitos decorrentes do mesmo nível superior de síntese. A tese filosófica de que encadearíamos os acontecimentos por uma "síntese *a priori*", de um modo como que automático e sem nenhuma aprendizagem, em virtude de uma aptidão inata, ligada a nossa natureza de seres racionais, reflete, em parte, o caráter limitado dos conhecimentos empíricos na época de Descartes, Kant e seus sucessores. Essa tese deriva, por um lado, de sua própria concepção da experiência: ao falar de experiência, eles tinham em mente a do indivíduo, compreendido como uma unidade perfeitamente autônoma, e não as experiências e instrumentos de reflexão elaborados ao longo dos séculos pela humanidade.

2

A ideia de que os homens sempre teriam apreendido as séries de acontecimentos sob a forma que predomina nas sociedades contemporâneas — a das sequências temporais integradas num fluxo regular, uniforme e contínuo — é contradita por toda sorte de fatos observáveis, tanto no passado quanto no presente. As correções trazidas por Einstein para o conceito newtoniano de tempo ilustram essa mutabilidade da ideia de tempo na era moderna. Einstein mostrou que a representação newtoniana de um tempo único e uniforme, através de toda a extensão do universo físico, não era sustentável. Por pouco que nos voltemos para estágios anteriores da evolução das sociedades humanas, encontraremos múltiplos exemplos dessas metamorfoses na maneira de vivenciar e conceituar o que hoje chamamos "tempo". O conceito de tempo, no uso que fazemos dele, situa-se num alto nível de generalização e de síntese,[1] que pressupõe um riquíssimo patrimônio social de saber no que concerne aos métodos de mensuração das sequências temporais e às regularidades que elas apresentam. É claro que os homens dos estágios anteriores não podiam possuir esse saber, não porque fossem menos "inteligentes" do que nós, mas porque esse saber exige, por natureza, muito tempo para se desenvolver.

Dentre os instrumentos mais antigos de medição do tempo figuravam os movimentos do Sol, da Lua e das estrelas. Hoje dispomos de uma representação muito clara desses movimentos, de suas ligações e suas regularidades. Mas nossos ancestrais distantes ainda não estavam em condições de relacionar os múltiplos movimentos dos corpos celestes numa representação unitária relativamente integrada. Achavam-se diante de uma multiplicidade de acontecimentos individuais, que eram ou desprovidos de ligações claras, ou vinculados por relações imaginárias muito instáveis. Ora, sem um padrão de medida fixo para avaliar a duração dos acontecimentos, não havia como possuir um conceito de tempo semelhante ao nosso. Além disso, nossos ancestrais pensavam e se comunicavam utilizando conceitos "mais concretos", como diríamos hoje, do que os nossos. Não se podendo propriamente dizer que um conceito é "concreto", é provável que fosse mais exato evocarmos aqui algumas sínteses "particularizadoras" ou "de nível baixo". Assim, em certas épocas, os homens utilizavam a noção de "sono" quando hoje falaríamos de "noite", a de "lua" quando falaríamos de "mês", e a de "ceifa" ou "colheita" quando falaríamos de "ano". Uma das dificuldades com que esbarra qualquer investigação sobre o tempo é a falta de uma teoria evolutiva da abstração, ou, mais exatamente, da sintetização. Essas transformações que levaram das sínteses particularizadoras para as sínteses generalizadoras figuram entre as evoluções mais significativas nesse campo. Aqui, porém, falta-nos espaço para analisá-las com maiores detalhes.

A isso vem somar-se o fato de que, se algumas unidades de tempo, como o "dia", o "mês", o "ano" etc., adaptam-se hoje sem nenhum conflito a nossos diversos calendários e efemérides, isso nem sempre ocorreu no passado. Na verdade, a experiência do tempo como um fluxo uniforme e contínuo só se tornou possível através do desenvolvimento social da medição do tempo, pelo estabelecimento progressivo de uma grade relativamente bem integrada de reguladores temporais, como os relógios de movimento contínuo, a sucessão contínua dos calendários anuais e as eras que encadeiam os séculos (vivemos hoje no vigésimo século depois do nascimento de Cristo). Quando faltam esses instrumentos, essa experiência do tempo também fica ausente.

3

Dispor de um modelo do desenvolvimento dos conceitos relativos ao tempo permite perceber com mais facilidade o crescimento da autonomia relativa das sociedades humanas no interior da natureza. Em épocas antigas, os enclaves sociais implantados pelos homens no seio do meio natural ainda eram pouco extensos. A interdependência entre esses enclaves e o que chamamos de "meio ambiente", em nossa perspectiva egocêntrica, era evidente e direta. Na relação de forças que opunha os grupos humanos constitutivos desses enclaves e a natureza alheia ao homem, a balança pendia a favor desta. A cronologia dos acontecimentos sociais, com efeito, é largamente tributária de observações referentes a repetidos eventos físicos externos ao homem. Quanto mais os enclaves humanos foram ganhando extensão e autonomia relativa em favor de processos como a urbanização, a comercialização e a mecanização, mais eles se tornaram dependentes, para medir o tempo, de dispositivos artificiais, e menos passaram a depender de escalas naturais de medição do tempo, como os movimentos da Lua, a sucessão das estações ou o ritmo da maré alta e da maré baixa. Em nossas sociedades altamente industrializadas e urbanizadas, as relações entre a alternância das estações e as divisões do calendário são cada vez mais indiretas e soltas; com muita frequência, como na relação entre os meses e as lunações, elas chegaram até, mais ou menos, a desaparecer. Em larga medida, os homens vivem dentro de um mundo de símbolos que eles mesmos criaram. A relativa autonomia dos enclaves sociais aumentou consideravelmente, sem nunca se tornar absoluta.

Convém acrescentar que essa evolução nada tem de irreversível e que de modo algum se efetua numa linha reta. Ela comporta numerosos retrocessos, desvios e zigue-zagues. Além disso, sendo heterogênea a evolução da humanidade, vemos repetirem-se em datas diferentes, no interior de nossa própria era, sequências evolutivas que têm o sentido de uma autonomia maior. Encontram-se estágios estruturalmente equivalentes — isto é, em que os instrumentos artificiais de medição do tempo são pouco ou nada conhecidos — tanto antes quanto depois do século XIX de nossa era. Lembrar que a autonomia dos enclaves humanos certamente pode aumentar, mas que nem por isso deixa de continuar sempre relativa, talvez ajude a lutar contra um hábito de pensamento dos mais equivocados, mas que se difundiu. Os conceitos que utilizamos em nossa linguagem e nosso pensamento parecem implicar que "sociedade" e "natureza", ou "sujeito" e "objeto", existiriam independentemente uns dos outros. Aí está um erro difícil de dissipar, na falta de uma perspectiva de longo prazo.

4

Qualquer reflexão sobre o problema do tempo é entravada pela forma substantiva de que se reveste esse conceito. Como mostrei noutro texto, pensar e falar com a ajuda de substantivos reificadores é uma convenção que pode tornar consideravelmente mais difícil a percepção do *nexo* dos acontecimentos.[2] Essa convenção linguística faz lembrar a tendência dos antigos a personificar abstrações, tendência esta que não desapareceu por completo na atualidade. A ação justa transformava-se na deusa da Justiça. Existem numerosos exemplos da pressão exercida por uma língua socialmente padronizada nos falantes individuais, de modo a constrangê-los a recorrer a substantivos reificadores. Pensemos em frases como "o vento sopra" ou "o rio corre": afinal, seria o vento outra coisa senão a própria ação de soprar, ou o rio outra coisa senão a água correndo? Haverá um vento que não sopre ou um rio que não corra?

O mesmo acontece com o conceito de tempo. Se ele existisse em alemão numa forma verbal, do tipo *zeiten* ("temporar"), com base no modelo do inglês *timing*, não teríamos dificuldade de compreender que o gesto de "consultar o relógio" tem por objetivo estabelecer uma correspondência ("sincronizar") entre as posições inerentes a duas ou mais sequências de acontecimentos. O caráter instrumental do tempo (ou da ação de "temporar") se imporia com evidência, nesse caso. Em vez disso, porém, o vocabulário de que dispomos oferece ao sujeito falante, e portanto, também ao sujeito pensante, unicamente expressões tais como "determinar o tempo" ou "medir o tempo". Esses hábitos linguísticos contribuem para distorcer a reflexão. Eles fortalecem incessantemente o mito do tempo como uma coisa de certo modo presente, existente, e, como tal, determinável e mensurável pelo homem, ainda que não se deixe perceber pelos sentidos. Sobre essa singular maneira de ser do tempo, podemos filosofar incansavelmente, e foi justamente isso o que se fez ao longo de séculos. Em matéria de esoterismo, podemos ocupar-nos e entreter os outros, indefinidamente, com especulações sobre o mistério do tempo, embora não haja mistério nenhum.

Por último, foi a Einstein que coube evidenciar que o tempo é uma forma de relação, e não, como acreditava Newton, um fluxo objetivo, um elemento da criação nas mesmas condições que os rios e as montanhas visíveis, e tão independente quanto eles da atividade determinativa dos homens, a despeito de seu caráter invisível. Mas o próprio Einstein não foi muito longe e não conseguiu escapar por completo à coerção do fetichismo verbal. À sua maneira, ele restituiu substância ao mito do tempo reificado, através, por exemplo, de fórmulas que sugeriam que o tempo, em certas circunstâncias, podia contrair-se ou dilatar-se. Ele só evocou os problemas do tempo dentro dos limites do quadro de referência dos físicos. Ora, um exame crítico do conceito de tempo implica que tornemos igualmente inteligível a relação entre tempo físico e tempo social, ou, em outras palavras, entre a maneira de determinar o tempo com referência à "natureza" ou com referência à "sociedade". Mas Einstein não se havia atribuído essa tarefa, a qual, aliás, não é da competência do físico.

5

A contínua ampliação das sociedades humanas no interior do universo "físico", alheio ao homem, contribuiu para estimular um modo de falar que sugere que "sociedade" e "natureza" ocupariam compartimentos separados, impressão esta que foi reforçada pelo desenvolvimento divergente das ciências naturais e das ciências sociais. Todavia, o problema do tempo coloca-se em termos tais que não podemos esperar resolvê-lo, se explorarmos suas dimensões física e social independentemente uma da outra. Se transformarmos em verbo o substantivo "tempo", constataremos de imediato que não podemos separar inteiramente a determinação temporal dos acontecimentos sociais e a dos acontecimentos físicos. Com o desenvolvimento dos instrumentos de medição do tempo fabricados pelo homem, a determinação do tempo social ganhou autonomia, certamente, em relação à do tempo físico. A relação entre as duas tornou-se indireta, mas nunca foi totalmente rompida, porquanto não pode sê-lo. Durante muito tempo, foram as necessidades sociais que motivaram a mensuração do tempo dos "corpos celestes". É fácil mostrar como o desenvolvimento desse segundo tipo de medida foi e continua a ser dependente do desenvolvimento do primeiro tipo, a despeito da ação das influências recíprocas.

Enquanto não tivermos presente no espírito essa relação indissolúvel entre os planos físico e social do universo — enquanto não aprendermos a ver o surgimento e o desenvolvimento das sociedades humanas como um processo que se desenrola *no interior* do vasto universo alheio ao homem —, não conseguiremos apreender um dos aspectos essenciais do problema do tempo: o "tempo", no contexto da física e, portanto, também no da tradição dominante na filosofia, é um conceito que representa um nível altíssimo de síntese, ao passo que, na prática das sociedades humanas, reduz-se a um mecanismo de regulação cuja força coercitiva percebemos quando chegamos atrasados a um encontro importante. O hábito que consiste em estudar a "natureza" e a "sociedade" — e, portanto, também os problemas físicos e sociológicos do "tempo" — como se fossem dois campos distintos levanta uma questão que parece paradoxal, e sobre a qual comumente silenciamos: a de saber como pode um conceito geralmente considerado decorrente de um altíssimo nível de síntese exercer uma coerção tão intensa nos homens. Isso se prende, em parte, ao fato de os problemas do "tempo" continuarem, mesmo entre os sociólogos, a ser examinados na óptica filosófica tradicional. Acresce que as pesquisas sobre a sociologia do tempo não têm como ser frutíferas enquanto se limitarem a uma perspectiva de curto prazo; elas só podem dar resultados numa abordagem comparativa que re-situe essa perspectiva no longo prazo.

6

Inúmeras locuções familiares sugerem que o tempo seria um objeto físico. Já o simples fato de evocar a ação de "medir" o tempo parece assemelhá-lo a um objeto físico mensurável, como uma montanha ou um rio. A expressão "no correr do tempo" parece implicar que os homens, e talvez o universo inteiro, flutuariam no tempo como num rio. Neste e em muitos outros casos, a forma substantiva que se dá à noção de tempo contribui muito, com certeza, para criar a ilusão de que ele seria uma espécie de coisa "no espaço-tempo". O emprego de uma forma verbal ajuda a nos desvencilharmos dessa ilusão e mostra que a determinação do tempo, ou a sincronização, representa uma atividade humana a serviço de objetivos precisos. Não existe nela uma simples relação, mas uma operação de estabelecimento de relações. Daí a pergunta: quais são, portanto, o sujeito e o objeto desse estabelecimento de relações, e com que finalidade ele é efetuado?

O primeiro passo em direção a uma resposta é relativamente simples: a palavra "tempo", diríamos, designa simbolicamente a relação que um grupo humano, ou qualquer grupo de seres vivos dotado de uma capacidade biológica de memória e de síntese, estabelece entre dois ou mais processos, um dos quais é padronizado para servir aos outros como quadro de referência e padrão de medida. Alguns processos caracterizados por um desenrolar contínuo, como a maré montante e a maré descendente, ou o nascer e o pôr do Sol ou da Lua, podem desempenhar esse papel. Quando os homens consideram que esses processos naturais são imprecisos demais para servir às finalidades que eles lhes destinam, resta-lhes a opção de construir padrões de medida mais exatos e mais confiáveis. Os relógios não são outra coisa senão "contínuos evolutivos", processos físicos dotados de um desenrolar contínuo, elaborados pelo homem e padronizados em algumas sociedades para servir de quadro de referência e escala de medida a outros processos de caráter social ou físico.[3]

Relacionar diferentes processos sob a forma do "tempo" implica, pois, a ligação de pelo menos três conjuntos contínuos: os sujeitos humanos, autores do estabelecimento da relação, e dois (ou mais) processos, dentre os quais um, para determinado grupo, desempenha o papel de conjunto padrão e quadro de referência. Ali onde um único indivíduo do grupo constitui a si mesmo como quadro de referência, como quando sua própria vida lhe serve de *continuum* padronizado para a determinação temporal de outros processos, a relação funcional é tripolar: o indivíduo está presente, primeiro, como a pessoa que estabelece e mantém relações (que "determina o tempo"); segundo, como aquela continuidade evolutiva entre nascimento e morte que serve de conjunto padrão; e por fim, há um grande número de outros processos cuja duração ele mede em referência à duração de sua própria vida, isto é, a ele mesmo como continuidade evolutiva.

Para evitar qualquer mal-entendido, acrescento que essa possibilidade de fazer o desenrolar da própria vida desempenhar esse papel de *continuum* padronizado só existe em sociedades altamente industrializadas. Nessas sociedades, cada pessoa se distingue de todas as demais não apenas naquilo que tem de único, mas também por ser capaz de determinar com precisão a sucessão temporal dos acontecimentos de sua própria vida, em referência a um outro *continuum* padronizado e socialmente reconhecido, como a sucessão dos anos do calendário, por exemplo. É somente num estágio relativamente avançado da evolução das sociedades que os homens se confrontam com esse problema e ficam em condições de desenvolver uma cronologia relativamente satisfatória, baseada na noção de era. É o caso da cronologia dos gregos, que situa os acontecimentos com referência à sucessão das Olimpíadas, ou o do calendário romano, que os data *ab urbe condita*, ou ainda o das eras cristã e judaica. Calendários como esses, que medem o tempo a longo prazo, representam contínuos padronizados artificiais, criados sob o controle de governantes ou sacerdotes. Quando eles não existem, as pessoas não têm como indicar sua data de nascimento ou sua idade, a não ser em referência a acontecimentos singulares, conservados na memória coletiva, como, por exemplo, "no momento da grande tempestade", ou "pouco antes do assassinato do velho chefe". Elas não dispõem de um *continuum* social padronizado que possa servir de quadro de referência para o *continuum* evolutivo representado por cada pessoa. Portanto, toda vez que, em sociedades como a nossa, fazemos nossa própria vida desempenhar o papel de quadro de referência para a determinação temporal de outras mudanças, estamos implicitamente erigindo, como padrão de medida do *continuum* que nós mesmos constituímos, um certo *continuum* evolutivo socialmente desenvolvido e padronizado, qual seja, a numeração dos anos de calendário no interior de uma era.

As relações temporais, como se vê, são relações de níveis múltiplos e grande complexidade. Não é fácil tomar distância não apenas das conhecidas metáforas reificadoras do tempo, mas também da ideia muito difundida de que o tempo, já que nada de seguro se pode dizer a seu respeito, seria apenas um joguete de fantasias filosóficas. A longo prazo, entretanto, parecerá mais frutífero considerarmos o "tempo" como o símbolo conceitual de uma síntese em vias de constituição, isto é, de uma operação complexa de relacionamento de diferentes processos evolutivos.

Em sua forma mais elementar, portanto, a operação de "determinação do tempo" equivale a decidir se tal ou qual transformação, recorrente ou não, produz-se antes, depois ou simultaneamente a uma outra. Consiste, por exemplo, em avaliar o intervalo que separa uma série de transformações, graças a um padrão de medida socialmente reconhecido, como o intervalo entre duas colheitas ou entre uma lua nova e a seguinte. Num nível superior de diferenciação, mede-se a distância temporal separando o começo e o fim de uma corrida de cem metros, de um governo ou de uma vida humana, ou ainda o intervalo entre o que chamamos de "Antiguidade" e o "mundo moderno". Para esse fim, utilizamos um *continuum* evolutivo socialmente reconhecido e padronizado.

Os grupos humanos são capazes de recolocar e de vivenciar os acontecimentos na dimensão do tempo, na exata medida em que, por um lado, dentro de sua vida social colocam-se problemas que requerem uma determinação social, e, por outro, sua organização social e seus conhecimentos lhes permitem utilizar uma série evolutiva como quadro de referência e padrão de medida para outra.

7

"Quando iremos fazê-lo?" Esta é a pergunta fundamental em resposta à qual os homens se lançam na aventura de marcar o tempo. O ponto de partida, ou seja, aquilo que procuramos determinar, identifica-se primeiramente com as atividades do próprio sujeito, as quais, nos estágios primitivos, são, antes de mais nada, coletivas. É verdade que, sob certo ponto de vista, os homens começam a determinar suas atividades, numa perspectiva temporal, antes mesmo de se confrontarem com problemas formulados em perguntas explícitas e articuladas a respeito do "quando". Nesses estágios, o tempo é passivamente determinado. Sua determinação mal chega a ser experimentada e refletida.

Essa determinação passiva do tempo subsistiu parcialmente até hoje. É possível, por exemplo, determinarmos temporalmente nossas atividades, pautando-nos mais ou menos no ritmo das pulsões biológicas: comemos quando sentimos fome e nos deitamos quando nos sentimos cansados. Em nossas sociedades, esses ritmos biológicos são regulados e estruturados em função de uma organização social diferenciada, que obriga os homens a se disciplinarem, até certo ponto, pautando seu relógio fisiológico num relógio social. Nas sociedades relativamente simples, isso não acontece, pois a regulação e a estruturação do relógio fisiológico (na medida em que é lícito falarmos de "regulação" nesse caso) dependem, muito mais diretamente, das possibilidades oferecidas ou negadas pela natureza externa — ou por outros homens eventualmente exploráveis — para atender às necessidades dos indivíduos. Nessas sociedades, os homens podem ir à caça quando sentem fome e parar de se esforçar quando estão saciados. Num estágio um pouco mais avançado da evolução dessa determinação passiva do tempo, podem deitar-se quando começa a escurecer e se levantar com o nascer do sol. Estarão então em condições de se exprimir em termos de "sono", e não de "noite". Assim, existem etapas na evolução das sociedades em que os homens não encontram problemas que exijam uma sincronização ativa das ocupações de seu grupo com outras mudanças em andamento no universo.

Essa situação se modifica sensivelmente a partir do momento em que os próprios homens passam a produzir seu alimento. Um bom exemplo disso é a agricultura, isto é, a utilização de plantas domesticadas. Os problemas ligados a uma determinação ativa do tempo, e não mais apenas passiva, adquirem então uma importância maior, o mesmo acontecendo, na esteira deles, com aqueles que estão implícitos num controle social e pessoal de caráter ativo, pois os homens, através de seu domínio e sua exploração do mundo vegetal, são submetidos a uma disciplina anteriormente desconhecida — a que lhes é imposta pelas exigências da agricultura, da qual seu alimento passa então a depender. Um exemplo extraído da história de uma pequena etnia africana do século passado ilustra, concisamente, um dos problemas que levaram os primeiros agricultores a desenvolver formas ativas de determinação do tempo:[4]

Outra tarefa ligada às obrigações permanentes do ... sacerdote era a observação das estações, para que ele ficasse em condições de indicar ou anunciar à população inteira o momento da semeadura, bem como o da celebração de suas festas. A primeira dessas funções obrigava-o, todas as manhãs, a subir até um posto de observação que dava para o leste, para dali assistir ao nascer do sol. Dizem que existe no leste ... uma montanha de cimo achatado ... e que, quando o sol aparecia bem atrás dessa montanha no alvorecer, a primeira chuva da semana era considerada boa para a semeadura. Na primeira manhã depois dessa chuva, o sacerdote dava um sinal, que era depois retransmitido por toda essa região montanhosa. Viam-se então os camponeses e suas famílias descerem as encostas com suas enxadas e seus cestos, para participar do trabalho coletivo. O sinal era assim:

Rechaçai a miséria,
Está terminada a fome.
De dia ou de noite,
Isso nunca é dito.
Mas eu vou dizê-lo,
Para que ela seja banida
Para a terra do sofrimento.

As pessoas cantarolavam esse aviso durante todo o tempo da semeadura. Mas, quem ousasse fazê-lo mais tarde [isto é, proferir essas palavras, utilizar essa fórmula mágica para banir a fome para a terra do sofrimento] seria severamente punido, ou, na pior das hipóteses, destinado à escravidão.

Para poder anunciar ao povo com precisão o momento dos festejos de meados do ano, o sacerdote tinha que escalar outro rochedo, que dominava a região ocidental, e ali, à visão da lua nova, traçar um sinal com uma pedra ou colocar um caramujo num vaso preparado para esse fim. Ninguém devia tocar esses objetos, a não ser o sacerdote ou seu acólito ...

Esse trecho fornece uma imagem concreta da experiência do tempo, típica de uma população num estágio relativamente primitivo da civilização agrícola. Essa experiência é determinada por necessidades práticas de caráter social. Nesse sentido, remete estritamente não ao eu de cada indivíduo, mas ao eu do grupo que tem que resolver um problema de determinação do tempo. Se o sacerdote observa o curso do Sol e da Lua, não é porque se interesse pela astronomia, mas porque as mudanças da luminosidade do céu — e através delas, talvez, certos poderes invisíveis — lhe dizem *quando* seu povo deve dar início à semeadura. Elas também lhe indicam *quando* devem começar as cerimônias rituais, os sacrifícios e, quem sabe, também os cantos e danças que granjearão para os homens o concurso dos deuses, e lhes permitirão produzir seu alimento e se precaver contra qualquer espécie de perigo. Nesse estágio, a produção dos meios de subsistência e as atividades de culto ainda se acham estreitamente imbricadas; juntas, elas constituem um dos primeiros campos da vida social a colocar os homens diante dos problemas de uma determinação ativa do tempo. E esta, diferentemente da determinação passiva, requer algumas decisões.

O ponto crítico reside na coordenação entre o ciclo contínuo das atividades sociais e o ciclo não menos contínuo das transformações da natureza externa. A última colheita do ano, reservada para os meses de escassez, pode se esgotar. Mesmo que a alimentação seja possível, graças à carne dos animais abatidos ou a tubérculos selvagens, será preciso esperar pela colheita seguinte para recompor as reservas. O contraste entre um ciclo de estações que independe do homem e um ritmo de crescimento dos vegetais que é comparativamente mais fácil de controlar faz surgir uma pergunta: "Quando convém começar a semear?" Na África Ocidental, isso significa: "Em que momento a seca dará lugar à estação das chuvas? Será um sinal promissor essa chuva que acaba de cair, ou não terá ela futuro?" Pois bem, o Sol responde pela boca do sacerdote e as pessoas se rejubilam. É provável que elas mesmas não se indaguem sobre o método pelo qual o sacerdote consegue obter essa resposta. Ainda não têm nenhuma consciência do "tempo", no sentido abstrato de algo que passa. O que as preocupa são os problemas imediatos, como o do esgotamento dos víveres.

Existem, por certo, sociedades que atingiram um estágio de evolução comparável, e nas quais essas experiências ainda não se cristalizaram sob a forma de conceitos reguladores que exijam um nível de abstração, ou melhor, de síntese, relativamente elevado — conceitos como "mês", "ano", ou, justamente, "tempo". Essas sociedades recorrem a noções estreitamente ligadas aos ciclos repetitivos de suas necessidades tangíveis, à ronda infindável das satisfações momentâneas, seguidas pelo ressurgimento das necessidades e pela busca de novas satisfações. Nessa etapa, a determinação do tempo é uma operação que continua a se parecer muito mais com uma compilação de sinais do que com uma consulta a um relógio celeste impessoal. Só aos poucos é que ela vai encontrando seu lugar e sua significação em algum ponto entre esses dois extremos. Além disso, as operações abstratas de numeração, se não desconhecidas dessas populações, são ao menos difíceis para elas. Por isso é que, toda vez que vê a lua nova passar acima de um certo referencial, o sacerdote deposita uma concha dentro de um vaso, para se lembrar de quantas foram as vezes em que a lua nova apareceu no céu desde a cessação dos ventos quentes e dessecantes. O tamanho da pilha de conchas permite-lhe determinar aproximadamente a chegada do momento propício às festividades. Talvez pareça difícil, hoje em dia, imaginar como vivia uma humanidade que desconhecia a ciência da numeração abstrata, tal como a entendemos. É igualmente difícil imaginar um estágio de civilização em que os homens ainda não houvessem desenvolvido técnicas de determinação do tempo e de datação às quais estivesse condicionada a própria possibilidade de ter uma experiência do tempo como um fluxo contínuo. Mas, vale a pena tentar fazê-lo.

8

O episódio citado, que retiramos da história de um pequeno povo montanhês, apresenta diversas particularidades estruturais que são importantes para uma sociologia do tempo. Considerado do ponto de vista sociológico, o tempo tem uma função de coordenação e integração. Nos estágios primitivos, essa função é comumente exercida por certas figuras dominantes, como sacerdotes ou reis. Em particular, a atividade de coordenação, que pressupõe o conhecimento do "momento favorável" em que convém fazer as coisas, foi, durante muito tempo, a função social específica dos sacerdotes. Estes não têm que trabalhar para produzir seu próprio alimento e, desse modo, dispõem de mais tempo para observar os movimentos e mudanças dos corpos celestes. Já nessa pequena aldeia da África, o sacerdote, graças a seu conhecimento esotérico do "momento propício", tem um poder e uma autoridade suficientes para decidir, em nome dos outros membros da sociedade, sobre a data em que as atividades agrícolas coletivas ou as festividades anuais deveriam começar.

Esse exemplo não é nenhuma exceção. Durante a longa história do desenvolvimento das sociedades humanas, os sacerdotes quase sempre foram os primeiros especialistas da determinação ativa do tempo. Numa fase posterior, quando surgiram as sociedades-Estado, mais vastas e mais complexas, os sacerdotes passaram, de um modo geral, a dividir com as autoridades leigas a função de fixação do momento das grandes atividades sociais, e, em muitos casos, essa partilha deu margem a tensões múltiplas. Depois, quando a luta entre sacerdotes e reis pela supremacia deu a vantagem a estes últimos, o estabelecimento do calendário tornou-se, tal como a cunhagem da moeda, um monopólio do Estado.[5] No entanto, mesmo depois dessa etapa centralizadora, os sacerdotes ainda continuaram a ser, durante um longo período, especialistas na determinação do tempo. Na Assíria, por exemplo, os sacerdotes encarregados de observar o céu tinham que informar o rei sobre todas as vezes em que, de seus "observatórios" especiais, avistavam uma lua nova, pois os homens ainda eram incapazes de determinar de antemão, por meio de cálculos, a duração da revolução da Lua ao redor da Terra. Em Atenas, um funcionário eclesiástico particular, o *hieromnemôn*, membro eleito das mais altas instâncias dirigentes, era anualmente encarregado de redigir o novo calendário (é provável que Aristófanes tenha obtido grande sucesso cômico ao pedir ao novo *hieromnemôn* que cuidasse para que o novo calendário social que ele estava elaborando fosse mais bem sincronizado com as lunações observáveis que os de seus predecessores). César consultou o *pontifex maximus* ao tomar a iniciativa de reformar o antigo calendário, que já não estava de acordo com os movimentos observáveis dos corpos celestes; ele era visivelmente de opinião que cabia aos soberanos mandar estabelecer um sistema de determinação do tempo e uma tabela de datação que fossem funcionais para as atividades públicas.

Naturalmente, a necessidade de uma cronologia unitária e ordenada variou conforme o crescimento e o declínio das unidades políticas, conforme o tamanho e o grau de integração de seus povos e seus territórios, e também conforme o grau correspondente de diferenciação e extensão de suas redes comerciais e industriais. As instituições jurídicas dos Estados exigiam sistemas unificados de mensuração do tempo, adaptados à diversidade e à complexidade dos negócios que eles tinham que regular. Com os avanços da urbanização e a expansão do comércio, fez-se sentir com intensidade cada vez maior a necessidade de sincronizar o número crescente das atividades humanas, e de dispor de uma rede de referências temporais cuja extensão regular pudesse servir de quadro de referência. Construir essa rede e fazê-la funcionar era uma das tarefas da autoridade central — clerical ou leiga. Dela dependiam o pagamento regular e periódico dos impostos, dos juros e dos salários, bem como a execução de inúmeros contratos e diversos compromissos; o mesmo acontecia com os numerosos feriados em que as pessoas repousavam de seu trabalho.

Podemos perceber claramente como, sob a pressão dessas necessidades, as autoridades eclesiásticas e políticas, detentoras do monopólio da determinação do tempo, procuraram desincumbir-se dessa tarefa. Assim é que durante séculos, às vezes até mesmo dentro das fronteiras de um só Estado, subsistiram, tradicionalmente, diferenças locais relativas ao começo e ao fim do ano. Foi certamente Carlos IX, rei da França, quem decidiu, em 1563, após alguma discussão, impor uma única data — ou seja, o dia 1º de janeiro — para o começo do ano. O edito entrou em vigor em 1566 e rompeu com uma tradição mais ou menos oficial, que associava o começo do ano com a festa da Páscoa. O ano de 1566, que começou em 14 de abril e terminou em 31 de dezembro, teve apenas oito meses e 17 dias. Os meses de setembro, outubro, novembro e dezembro, que até então haviam designado — em função do calendário romano, que fazia o ano começar em março, e como seu nome indica — o sétimo, oitavo, nono e décimo meses do ano, transformaram-se, de maneira bastante absurda, no nono, décimo, décimo primeiro e décimo segundo meses. Essa inovação deparou com viva resistência, embora, hoje em dia, mal cheguemos a notar seu caráter incongruente. Como instituições sociais, os calendários possuem uma função reguladora. Atualmente, consideramos uma evidência que o ano comece realmente em 1º de janeiro. Não percebemos com clareza que o ano possui uma função social, uma realidade social, que por certo é ordenada de acordo com uma realidade natural, mas que se distingue dela; vemos nele, simplesmente, um elemento da ordem natural.

Outro exemplo: o papa Gregório XIII resolveu proceder a uma revisão do calendário juliano, porque, no correr dos séculos, o equinócio da primavera, do qual, no ano de 325, o concílio de Niceia fizera depender a festa de Páscoa, havia-se deslocado paulatinamente de 21 para 11 de março. Uma bula papal suprimiu dez dias do ano de 1552, decidindo que o dia seguinte a 4 de outubro seria 15 de outubro, e não 5. Essa reforma gregoriana da reforma do antigo calendário romano feita por Julio César constituiu, até hoje, a última tentativa de estabelecer um sistema de calendário em que o ano social não se desviasse demais, no correr dos séculos, do "ano natural", isto é, do tempo que o Sol — considerado em sua relação com homens espectadores e centros de referência — leva para retornar a um ponto do céu escolhido por eles como ponto de partida.

O desenvolvimento de um quadro de determinação do tempo, sob a forma de um calendário, é um bom exemplo das continuidades evolutivas que se afirmam a despeito de uma multiplicidade de descontinuidades, tanto políticas quanto de outra ordem. Ele nos faz lembrar que aquilo a que chamamos "tempo" constitui uma rede de relações, amiúde muito complexa, e que a determinação do tempo representa, em essência, uma síntese, uma atividade de integração. Nela, os homens tomam por padrão de medida do ritmo relativamente rápido das transformações do *continuum* social o *continuum* das alterações do céu, o qual, por comparação, parece afetado por um movimento tão lento que lhes parece perfeitamente imutável. Mediante a fixação mais ou menos arbitrária de uma certa posição do Sol (em relação a outras estrelas, por exemplo) como ponto de partida e ponto de chegada de uma unidade social de determinação do tempo, a saber, o ano, eles conseguem construir um quadro de referência para a sincronização das atividades humanas. O fato de haverem precisado de séculos para elaborar uma escala de calendário relativamente bem ajustada à realidade física, e capaz de fornecer um sistema de referências articulado e unificado para a sincronização dessas atividades no âmbito dos Estados, ou, hoje em dia, de uma rede global de Estados, mostra com clareza a dimensão da dificuldade dessa tarefa.

9

Os homens parecem ter tido uma dificuldade ainda maior para desenvolver uma escala temporal baseada nas eras, que permitisse às gerações vivas situarem-se com precisão na sucessão das gerações. Com efeito, a elaboração de tal escala de tempo *não recorrente* suscitou problemas particulares. Uma de suas formas antigas foi a numeração dos anos em função de uma dinastia e da duração do reinado dos diferentes soberanos. A era utilizada hoje em dia, em caráter muito generalizado, conta os anos em função de sua posição anterior ou posterior ao "nascimento de Cristo". O desenvolvimento de tal escala de medida, aplicável a longas sequências temporais não recorrentes, só se tornou possível a partir do momento em que unidades sociais como os Estados ou as igrejas começaram a apresentar o caráter de um *continuum* evolutivo de grande amplitude. Alguns grupos, em geral grupos dirigentes, consideraram então que era necessário, para que essas instituições se mantivessem funcionando, alimentar a memória viva de sua continuidade, e fazê-lo de um modo preciso e articulado.

Na Antiguidade, a era mais longa e mais célebre foi a que contou os anos a partir do reinado do rei babilônio Nabonassar. Inicialmente introduzida na tradição caldeia-babilônica por razões políticas, essa maneira de calcular o tempo em função de uma sucessão de soberanos e de seus anos de reinado permitiu registrar, de maneira puramente descritiva, a partir do número de anos decorridos, a distância entre acontecimentos siderais incomuns, como os eclipses lunares. Em seguida, Ptolomeu retomou a era babilônica, a mais antiga e mais longa que ele conhecia, para construir seu modelo do universo físico. Ilustrou a intricação do social com o físico no desenvolvimento da mensuração do tempo. Atualmente, os filósofos, e talvez até mesmo os físicos, muitas vezes consideram evidente que "o tempo escoe *numa única* direção e que seu curso seja irreversível" — embora a teoria de Einstein, mesmo conservando o caráter sucessivo do tempo, tenha posto em dúvida seu caráter unidirecional. É difícil imaginar que os físicos pudessem ter conseguido desenvolver em seu campo o conceito de um fluxo temporal constante e irreversível, sem a longa e dolorosa elaboração de escalas de tempos sociais que permitiram determinar com exatidão a sucessão contínua e não recorrente dos anos, séculos e milênios. Em outras palavras, o surgimento de unidades estatais relativamente estáveis a longo prazo foi uma condição necessária para que o tempo pudesse ser experimentado sob a forma de um fluxo contínuo.

Se retraçarmos em pensamento o desenvolvimento da determinação do tempo, remontando às condições de vida de sociedades agrícolas primitivas do tipo do povoado africano que mencionamos, veremos claramente porque não era possível, naquele estágio de civilização, construir calendários anuais elaborados, associados com eventos recorrentes, nem tampouco essas longas escalas temporais que são as eras, apesar de tudo isso serem condições necessárias à experiência do "tempo" como um fluxo contínuo e irreversível. Os problemas que exigem um quadro de referência temporal, dividido com precisão em "meses" ou "anos", ainda não apareciam, ou então, quando surgiam, revelavam-se quase insolúveis. Quanto aos problemas que põem em jogo dezenas ou centenas de anos, em geral eles eram percebidos através da imagem de uma série de ancestrais, ou se situavam além do horizonte de representação. Como vimos, não era relacionando os movimentos do Sol com "estrelas fixas", mas com referenciais terrestres, que o sacerdote determinava o "momento exato". E o determinava não relacionando as atividades de sua etnia com uma escala de calendário contínua, que abarcasse o ano inteiro, mas simplesmente associando o "momento exato" com um acontecimento particular, como a semeadura ou a celebração de uma festa em homenagem aos deuses.

10

Para ter uma perspectiva melhor dessa longa evolução dos processos de determinação do tempo, poderíamos recuar ainda mais. Na verdade, essa evolução não tem fim, ou antes, não tem começo. No *continuum* móvel das transformações evolutivas, muitas das quais continuam desconhecidas ou mal compreendidas, só podemos encontrar um ponto de apoio ao adotarmos como hipótese de trabalho o cenário de um começo imaginário. Imaginemos, pois, um grupo humano cujos membros possuam, geneticamente, a mesma capacidade que nós para se comunicar por sinais comuns, sinais estes que não sejam inatos, mas que constituam a representação simbólica de tudo o que esses homens vivem; como tais, eles poderão ser aprendidos, aperfeiçoados e transmitidos de uma geração para outra. Os próprios membros desse grupo, entretanto, não receberam tais símbolos das gerações anteriores; não herdaram de seus ancestrais nenhuma espécie de saber e, portanto, nenhum conceito. Esse modelo implica uma espécie de Rubicão: supõe realizada a travessia biológica para um nível em que os organismos são capazes de erigir seus próprios sinais em principal meio de comunicação. O universo, até então quadridimensional, dá origem a uma quinta dimensão. Começa a aventura especificamente humana, isto é, a criação de um universo social em que a comunicação se efetue graças a símbolos que podemos aprender, aperfeiçoar e multiplicar. Nesse momento, entretanto, os homens ainda não dispõem desses símbolos. Seus pais não lhes transmitiram nenhum instrumento conceitual para relacionar os acontecimentos, o que significa também que, a princípio, eles não dispõem de nenhum meio de distingui-los entre si. Não conhecem nenhum "objeto", no sentido que damos a essa palavra. Têm de partir do zero.

Ao condensar assim, numa situação instantânea, um processo que na verdade se estendeu por milhões de anos — e que conviria conceber e descrever em termos de uma evolução gradual —, damo-nos a possibilidade de afastar momentaneamente a complexidade dos problemas levantados por esse lento processo, feito de transformações sociobiológicas, e de nos concentrarmos nas transformações de caráter sociossimbólico ocorridas no interior de um quadro biológico inalterado, ou cujas mudanças são tão lentas, comparadas às da esfera social, que podem ser desprezadas. Sem dúvida, é muito difícil imaginar de que maneira, colocados nessa situação, os homens podiam vivenciar seu mundo. Talvez seja mais fácil nos fazermos esta pergunta: dentre as diversas maneiras de ligar os acontecimentos que nos parecem evidentes, quais estavam ao alcance dos homens desprovidos de qualquer bagagem de saber? Será imaginável, por exemplo, que, partindo do zero, eles pudessem haver elaborado, mesmo no espaço de algumas gerações, sinais transmissíveis como aquelas palavras que designam tipos de ligação estabelecidos num nível altíssimo de síntese, e que dão aos filósofos um material tão rico para pensar, ou seja, conceitos como "causa e efeito", "natureza e leis da natureza", "substância" ou "espaço e tempo"?

Os membros desse grupo, desprovido de qualquer espécie de instrumento conceitual, possuíam em seu patrimônio genético as mesmas faculdades de síntese dos homens de hoje. Tinham a mesma capacidade de ligar os acontecimentos que percebiam, mas não dispunham de um saber que pudesse dizer-lhes *como* fazer essa ligação. Ainda lhes seria preciso elaborar todos os símbolos relativos a modalidades específicas de conexão. Eles tinham a mesma capacidade que nós para aprender e para comunicar uns aos outros os sinais aprendidos, as representações simbólicas de toda sorte de experiências possíveis. A estes se acrescentariam sinais não aprendidos, como o riso, o choro, os suspiros e outros movimentos corporais "expressivos", essencialmente inatos, que desempenham na comunicação um papel cada vez maior, à medida que vamos subindo na escala da evolução. Mas eles possuíam tão somente a capacidade. E não havia ninguém com quem pudessem aprender. Biologicamente falando, se assim podemos expressar-nos, o Rubicão fora atravessado. Eram seres humanos por inteiro, mas, no que diz respeito aos conceitos, partiam de uma *tabula rasa*. Todos os saberes que eram capazes de adquirir, todos os sinais aprendidos que eram passíveis de desenvolver teriam — essa é nossa hipótese — que ser elaborados por eles mesmos, a partir de sua própria experiência. Será concebível que percebessem automaticamente a concatenação dos acontecimentos sob a forma de sequências temporais recorrentes ou não recorrentes? Podemos nós postular que, conduzidos pelos dados *a priori* de sua "razão", eles começassem a apreender todas as coisas, automaticamente, sob a forma de sequências temporais, sem haverem construído a mais ínfima escala de mensuração do tempo? Ou então, que se pusessem de imediato, no aqui e agora, a construir tais escalas, com base em sua experiência? E, se não o fizessem no aqui e agora, que progressos poderiam obter no espaço de uma única geração?

11

A expressão *tabula rasa* não é aqui empregada por acaso. Ela efetivamente desempenhou um papel na interminável discussão sobre a existência ou não de ideias inatas. Sendo a experiência e a noção de tempo frequentemente tratadas como se o "tempo" fosse uma espécie de ideia inata, talvez seja útil nos determos por um instante, em pensamento, no cenário de um grupo humano situado no alvorecer da história, desprovido de qualquer conhecimento prévio e desconhecedor do que quer que fosse sobre a ideia de tempo. Sistematicamente, nas discussões referentes à "razão" humana ou à "linguagem", introduzem-se sub-repticiamente representações relativas a ideias inatas específicas; os rótulos variam, indo desde expressões como "*a priori*", ou "as condições imutáveis da experiência humana", até construções como "a estrutura profunda da linguagem", ou "as leis eternas do pensamento e da lógica". Seus próprios partidários muitas vezes ignoram estar designando assim, na verdade, estruturas biológicas inatas, uma vez que situam todas as estruturas específicas do pensamento e da linguagem às quais se referem como dados não aprendidos, comuns a todos os homens, independentemente de uma aprendizagem social. Mas, que outra possibilidade existe? Não se pode fazer dois proveitos caberem num mesmo saco. Não se pode afirmar que uma ideia, um conceito, existe *a priori* — como uma particularidade imutável da "vida" humana ou do entendimento, uma categoria eterna que antecede qualquer experiência, em suma, algo de não aprendido e universal — sem fazer disso, ao mesmo tempo, uma realidade inata.

A experiência de pensamento na qual poremos em cena um grupo humano inicialmente desprovido de qualquer espécie de instrumento conceitual poderá ajudar a formular os problemas em termos mais explícitos. Ela esclarece a seguinte pergunta: como irão esses seres humanos, providos da mesma bagagem genética que nós, apreender o mundo, se, por hipótese, nenhum saber lhes tiver sido transmitido, em particular nenhum saber de tipo conceitual, resultante de um longo processo que se estenda por gerações e seja marcado por um confronto contínuo e fecundo com a experiência e a conceituação? Serão eles capazes, em termos imediatos, de ligar os acontecimentos, utilizando as noções de tempo ou de causalidade mecânica?

Vê-se prontamente a diferença entre esse panorama e o conhecido cenário cartesiano. Neste último, um eu individual, aparentemente intemporal, reflete sobre sua própria "razão" em total isolamento do mundo. O que lhe resta, portanto, é uma *tabula rasa* intelectual, no sentido de haver desaparecido para ele tudo o que foi adquirido pela experiência e, portanto, também todo o saber e todos os conceitos aprendidos com outros homens. Segundo essa concepção, a "razão" é uma espécie de receptáculo imutável, que pode ser esvaziado de todos os seus conteúdos mutáveis e que se verifica ser absolutamente idêntico em todos os homens. Uma longa série de filósofos tem seguido a trilha de Descartes, retomando e desenvolvendo esse cenário. Ao fazê-lo, eles não distinguem com muita clareza um *potencial* universal de síntese, uma capacidade humana geral para efetuar ligações, de uma hipotética capacidade natural para ligar os acontecimentos de maneira sumamente específica, sem que se haja aprendido a fazê-lo, com a ajuda de noções ou ideias inatas como "causa", "substância" ou "tempo". Esses conceitos são vistos como exprimindo uma síntese inata, que obrigaria os homens a ligarem os acontecimentos dessa maneira específica, independentemente de qualquer saber ou qualquer experiência. Assim, eles adquirem a aparência de uma condição de toda experiência humana, predeterminada e imutável através das eras.

Mas, como se vê, esse cenário é insatisfatório, por menos que procuremos imaginar o que o homem supostamente faz, de acordo com ele: em sua meditação solitária, Descartes penetra numa camada de seu próprio pensamento, a qual, em função de um preconceito de sua época, ele toma por não aprendida e independente de sua experiência ou da de qualquer pessoa. No correr de sua tentativa, ele exibe um imenso arsenal de saber aprendido e, em especial, de ideias aprendidas. Em outras palavras, o que Descartes encontra e traz à luz, ao descer às profundezas transcendentais de seu próprio pensamento, é uma parte do equipamento conceitual que lhe foi transmitido por outrem, e do qual ele se serve em sua "viagem interior". Em suma, ele interpreta como propriedades não aprendidas de seu pensamento, e portanto, de qualquer pensamento, conceitos que pertencem ao repertório estabelecido da linguagem e do saber de sua época — mas não de qualquer época — e que, na forma em que ele os encontra, são produtos dos esforços teóricos e práticos de uma longa cadeia de gerações.

Assim é que Kant, como representante de uma certa etapa da odisseia da humanidade, aprendeu a empregar o conceito de tempo no sentido particular que este havia adquirido em sua época, ligado aos progressos da física e da técnica. Que maravilha vê-lo descobrir em si mesmo precisamente esse conceito, como forma não aprendida de seu próprio conhecimento e do conhecimento humano em geral! A partir de sua experiência pessoal, Kant extraiu, muito precipitadamente, a conclusão de que essa experiência e esse conceito do tempo deviam representar uma condição imutável de toda experiência humana. Nem sequer pensou na possibilidade de verificar essa hipótese, procurando saber se os homens, sempre e em toda parte, efetivamente possuíam ou haviam possuído um conceito de tempo situado no mesmo nível de síntese daquele que pensava ser uma condição permanente de qualquer experiência humana.[6]

Tomemos ainda o exemplo de Descartes. Depois de conduzir sua argumentação na linguagem filosófica altamente desenvolvida de sua época, ele resumiu suas descobertas na famosa fórmula latina *cogito, ergo sum*, querendo dizer que, se todas as representações podiam ser duvidosas, seu próprio pensamento e, portanto, sua existência, em contrapartida, não podiam ser postos em dúvida. E, no entanto, ele expôs tudo isso em línguas como o francês ou o latim, apoiando-se numa tradição erudita na qual, ao mesmo tempo que nessas línguas, outros homens o haviam iniciado. Logo, ele extraiu do que havia aprendido com terceiros até os próprios instrumentos que utilizou para descobrir, "em si mesmo", aquilo que, a seu ver, não podia vir de fora e, portanto, de modo algum podia ser decorrente de uma ilusão. Mas, se colocamos em dúvida, na condição de experiência externa e, portanto, de possível fonte de ilusão, tudo aquilo que aprendemos com terceiros, por que não considerar ilusões, igualmente, a língua aprendida com outros homens e a própria existência desses outros? Descartes não levou a dúvida tão longe assim. Deteve-se justamente ali onde poderia começar a abalar a crença axiomática do filósofo nessa independência e autonomia absolutas do "entendimento", as quais constituíam a prova aparentemente definitiva de sua própria vida. É claro que o problema se coloca em termos completamente diferentes quando a interrogação não se detém nesse ponto exato.

12

O outro cenário que propomos aqui destaca essas contradições ocultas no antigo cenário. Se tomarmos como hipótese de trabalho a *tabula rasa* de um grupo humano desprovido de qualquer saber previamente adquirido, porventura poderemos ainda agarrar-nos à ideia de que esses homens, situados num fictício ponto zero do tempo, estariam imediatamente habilitados, pelos simples recursos de seu "entendimento", por sua própria conta e risco, ou pelas condições universais de funcionamento do "espírito" humano, a relacionar os acontecimentos de um modo conceitual, traduzível por expressões como "pensar" ou "antes de qualquer experiência"? Além disso, se, em vez de um indivíduo isolado, tomarmos um grupo humano como ponto de partida hipotético, será que certas regularidades, como o princípio de identidade — do qual frequentemente se faz uma "lei lógica" imutável e, quem sabe, até mesmo um elemento da "razão" individual —, não se afigurarão funcionalmente solidárias dos esforços envidados por alguns para enviar a outros homens sinais que eles possam compreender?

Para termos uma ideia da experiência de seres humanos sem acesso a um patrimônio qualquer de saber, é preciso imaginarmos que eles estariam premidos, em larguíssima escala, pela necessidade imperativa de atender a suas carências elementares do momento. Seu potencial de síntese e sua capacidade de aprender a ligar os acontecimentos estariam colocados quase que exclusivamente a serviço dessas necessidades; estas, conjugadas com suas pulsões, seriam essencialmente determinantes do que esses indivíduos fariam e do momento em que o fariam, e, portanto, também da medida em que uma determinação do tempo acabaria por ser-lhes necessária. Por essa simples razão, sua experiência da sucessão dos acontecimentos seria amplamente diferente da representada pelo conceito de "tempo". Mesmo apelando muito para a imaginação, não há como admitirmos que esses homens pudessem estar imediatamente em condições — a partir da experiência limitada que uma única geração é capaz de adquirir durante sua vida — de construir, num nível altíssimo de síntese, o tipo de conceitos relativamente desinteressados e impessoais dos quais faz parte a noção de "tempo".

Na verdade, até certas noções que implicam um nível de síntese muito inferior, como as de "lua", "estrela", "árvore" ou "lobo", ficariam fora de seu alcance. Pensemos na massa de conhecimentos implicitamente contida, por exemplo, no emprego atual da palavra "lobo". Ela contém todo um saber que situa o lobo como um animal, um mamífero nascido de uma loba, que um dia foi pequeno, tornou-se adulto, envelheceu e está destinado a morrer, e tudo isso segundo uma ordem de sucessão regular e imutável. Todo esse saber é mobilizado de maneira quase automática por aqueles que, partilhando desse patrimônio de conhecimentos, percebem uma certa silhueta que identificam como sendo a de um "lobo". Quem aprendeu o sentido dessa palavra extrai dela a certeza, hoje transformada em algo quase absoluto, da impossibilidade de um lobo se transformar num ser humano. Esse saber, com a certeza que lhe é inerente, não seria acessível a homens que não se inscrevessem na ordem hereditária de uma longa tradição de saber e aprendizagem. Basta pensarmos no tempo de que os homens precisaram para adquirir essas certezas. Pois não foi há três séculos, ou até menos, que a crença nos lobisomens extinguiu-se na Europa? E essa certeza de que os lobisomens humanos são uma criação da fantasia, até que ponto ela é hoje universal, e até que ponto é inabalável? Tudo que podemos afirmar, sem risco de erro, é que essa certeza aumentou. A significação de uma ideia como "lobo" não pode ser compreendida isoladamente. Ela traz a marca do nível geral atingido pela sociedade em que vivem aqueles que a utilizam.

Esse exemplo mostra-nos, igualmente, como os progressos do saber podem exercer uma influência no conceito de "tempo". Quando emerge o reconhecimento da continuidade invariável das ligações de sequências referentes a organismos como o dos lobos, um novo padrão da duração vem somar-se aos que já estão em uso: o organismo, em especial o organismo humano, passa a ser considerado como um *continuum* evolutivo altamente específico, que, com as regularidades que lhe são imanentes e com sua relativa autonomia, ocupa o intervalo que separa o nascimento da morte. Conhecemos a afirmação einsteiniana que diz que, regressando de uma viagem imaginária pelo cosmo, os homens descobririam, ao chegar à Terra, que seus amigos tinham envelhecido, mas não eles mesmos; a propósito disso, convém lembrarmos a especificidade e a relativa autonomia dos processos com que se relaciona a escala de medida etária chamada "tempo biológico".

Consideremos ainda o conceito de "Lua". Aqueles cuja imaginação se desloca no interior de um vastíssimo patrimônio de saber terão dificuldade de conceber como é possível que alguém ainda não compreenda, ao cabo de alguns dias de observação, que aquilo que aparece no céu, ora sob a forma de uma foice ou um barco, ora sob a de um rosto redondo e amarelo, constitui uma única e mesma coisa. Podemos imaginar que, no tempo de nossos ancestrais, um determinado grupo, subitamente promovido de um estado pré-humano a um estado propriamente humano, e que não dispusesse de nenhum conhecimento prévio, possa ter ficado imediatamente em condições de identificar aquela faixa estreita e alongada de luz, percebida no céu pouco tempo antes, com aquele vasto rosto redondo, contemplado *hic et nunc*? Seriam eles capazes, mesmo no caso desse objeto isolado, de efetuar imediatamente uma síntese e desenvolver, seguindo o modelo de nossa "Lua", um sinal unitário, um conceito que englobasse a variedade das formas apresentadas pelas luzes do céu? Quando e por que começaram os homens a dar importância à simples questão de saber se o sinal luminoso da noite anterior e o da noite atual representavam uma mesma coisa?

Hoje em dia, o conceito de "Lua" é tido como evidente, e todo o mundo pode julgar-se capaz de construí-lo sozinho, abrindo os olhos e contemplando o céu noturno. Imaginar um grupo humano desprovido de qualquer bagagem de saber pode ajudar-nos, talvez, a compreender que até uma operação sumamente simples, como a integração de uma diversidade de impressões sensoriais num conceito unitário como o que designamos por "Lua", foi o resultado do trabalho de uma longa cadeia de gerações. Para isso, foi preciso um longo processo de aprendizagem, uma lenta acumulação de experiências, algumas das quais, feitas e refeitas incessantemente, foram registradas, ao longo das gerações, como recorrentes. À parte a limitadíssima rede dos acontecimentos de alguma importância para a satisfação de suas necessidades imediatas, tudo o que podiam apreender os membros de um grupo inicialmente desprovido de conceitos reduzia-se a um caos de sinais vagos e inconstantes, a mudanças caleidoscópicas, a um vaivém de luzes, formas e outras impressões sensoriais para as quais eles não dispunham de nenhum dispositivo de integração, de nenhuma representação simbólica comunicável e, por conseguinte, de nenhum meio de orientação. Em sua experiência, as formas tenderiam muito mais a se fundir umas nas outras, à maneira do que acontece nos sonhos. Sua capacidade de efetuar uma distinção entre o que consideramos como experiência da realidade e a experiência imaginária seria extremamente reduzida. Durante o período de vida de uma geração, eles não teriam como aprender que existe uma diferença entre sonho e realidade, nem tampouco em que consiste ela. Por isso, seu sentimento de identidade pessoal, comparado ao nosso, seria dos mais difusos, e passível de se modificar consideravelmente ao longo de sua vida.

Para os homens que crescem no interior de sociedades como as nossas, talvez pareça óbvio que todo o mundo tem uma ideia de sua própria identidade como um ser vivo que passou da infância para a maturidade, que envelhece e que morrerá, mais cedo ou mais tarde. Essa representação da identidade pessoal como um *continuum* de mudanças, como uma individualidade que passa por um crescimento e um declínio, pressupõe um imenso patrimônio de saber. Ela reflete o nível relativamente elevado de certeza e adequação hoje atingido pelo saber referente às regularidades biológicas e outras. Sem esse saber, não teríamos nenhuma certeza, quando adultos, de sermos as mesmas pessoas de outrora, quando éramos crianças. Na verdade, esse domínio conceitual dos diversos processos de transformação representa uma das mais difíceis conquistas humanas. Podemos ter uma ideia disso, por exemplo, a partir das dificuldades hoje enfrentadas pela apreensão intelectual de processos que se estendem por prazos sumamente longos, como os do desenvolvimento das sociedades ou da formação dos conceitos. Muitos indicadores mostram que a imagem de si mesmo, o sentimento de identidade pessoal, era muito mais impreciso e menos fortemente organizado em estágios anteriores da evolução da humanidade. Ao sair de um rito de iniciação, ou após a aquisição de uma nova posição social, o homem podia ter a impressão de ser uma outra pessoa, dotada de outro nome, e de ser assim percebido pelos demais. Tanto por seu próprio ponto de vista quanto na percepção de outrem, ele podia tornar-se idêntico a seu pai, metamorfosear-se num animal, ou deter o poder de estar, ao mesmo tempo, em dois lugares diferentes.

Na falta de um longo desenvolvimento prévio do saber, os homens dificilmente poderiam perceber a uniformidade e a regularidade que marcam a sequência dos acontecimentos em toda a extensão que deles conhecemos hoje em dia. Sem um vasto conhecimento dessas regularidades, como poderiam eles desenvolver conceitos decorrentes de um altíssimo nível de síntese, tais como "vida", "natureza" ou "entendimento"? É comum, nos dias atuais, estes conceitos serem considerados evidentes, mas nem por isso deixam de pressupor um alto grau de certeza em relação às regularidades recorrentes e às identidades, tanto dos "objetos" quanto dos próprios sujeitos humanos. Mas, acaso um grupo humano que não tenha recebido de herança uma longa tradição de saber pode assegurar-se, por si mesmo, de que as maiores luzes do céu (hoje chamadas de "Sol" e "Lua") desaparecem e reaparecem a intervalos mais ou menos regulares? Como poderiam esses homens, pautados na estreita base fornecida pela experiência de uma única vida, sequer conceber a ideia da existência dessas regularidades? E seriam eles capazes, como que num passe de mágica, de construir classificações que dividissem as coisas em animadas e inanimadas, ou em minerais, plantas, animais e homens? Como lhes seria possível, no espaço de uma geração, elaborar símbolos comunicáveis, representando os traços característicos dessas classes? Ademais, na falta de um conhecimento relativamente seguro das regularidades distintivas e das continuidades que ligam tais ou quais grupos de acontecimentos, ser-lhes-ia possível conceber a ideia de utilizar uma certa série contínua de acontecimentos, isto é, a dos movimentos no céu, como instrumento permanente de medida de suas próprias atividades sociais?

Consideremos mais uma vez o sentimento da identidade pessoal e de sua continuidade por uma vida inteira. Em nosso tipo de sociedade, a trajetória de cada vida humana é medida com extrema exatidão. Todo indivíduo aprende, desde muito cedo, uma escala social etária sumamente precisa — "eu tenho doze anos, você tem dez" — que se torna um elemento importante da imagem que ele tem de si mesmo e dos outros. Essa coordenação de dados numéricos de ordem temporal não serve simplesmente para traduzir diferenças quantitativas, só recebendo sua significação plena ao ser utilizada como uma designação simbólica abreviada de diferenças biológicas, psicológicas e sociais bem conhecidas, assim como de mudanças que afetam os indivíduos. Além disso, no decorrer da longa história do saber, acabamos reconhecendo que os *processos* biológicos e sociais com que se relaciona essa escala de tempo têm um sentido único e irreversível. Por isso é que a própria *escala temporal* parece, muitas vezes, possuir a força coercitiva de um processo irreversível: assim, dizemos que os anos ou o tempo "passam", quando, na realidade, estamos falando do caráter irreversível de nosso próprio envelhecimento. Num universo sociossimbólico como o nosso, portanto, é frequente a linguagem corrente reificar os símbolos mais abstratos e lhes conferir vida própria. As ideias de ordem temporal, especialmente aquelas que se relacionam com a idade das pessoas, ficam expostas a esse uso hipostático. A série contínua de símbolos numéricos que indica a idade de uma pessoa fica carregada de uma significação biológica, social e pessoal e, dessa maneira, desempenha um papel importante no sentimento da identidade pessoal e de sua continuidade através do que denominamos de "curso do tempo".

Além disso, a impressão de irreversibilidade ligada à sequência numérica dos símbolos da idade ("25", "64") é reforçada por sua estreita ligação com os símbolos da era histórica; esta última também remete a um processo unidirecional e irreversível, qual seja, a sucessão das gerações que vão transmitindo o bastão. Comparados com o *continuum* da evolução social e da escala histórica correspondente — por exemplo, a era que começa com o suposto momento da criação do mundo, ou com o nascimento de um herói epônimo (e simbolizada por abreviaturas como "a.C." ou "d.C.") —, o *continuum* evolutivo de uma vida individual e a escala de tempo utilizada para medi-lo são excessivamente limitados e breves. O processo social que é medido, como fazemos nós, utilizando a era como escala temporal ("1989, 1999, 2009, 2019") parece ter de prosseguir indefinidamente. Na realidade, ele só prosseguirá enquanto sua continuidade for preservada e mantida na memória. Os processos individuais, isto é, as vidas humanas que se encadeiam umas nas outras para formar o processo social, e que assim se integram na cronologia da era histórica, cedo ou tarde são interrompidos. O contraste entre a brevidade de uma vida individual de menos de cem anos e a duração de uma era social que abrange milênios, sem falar da extensão dos processos biológicos e cosmológicos do tipo dos que as ciências naturais vão aos poucos revelando, reforça a experiência subjetiva que transmitimos uns aos outros, ao falar dos "anos que correm" ou do "tempo perdido e desperdiçado".

Comparemos a experiência vivida nessa situação com a de homens que não sejam herdeiros de uma tradição de saber que houvesse construído escalas temporais como as eras ou as idades, ou que não tivessem inventado outros meios particulares de situar os acontecimentos no tempo. Seria impossível esperar, já que eles se encontrariam numa situação muito diferente da nossa, que percebessem a si mesmos e aos membros de seu grupo da maneira que nos é familiar. Será porventura imaginável, por exemplo, que os membros de um grupo que partisse de uma *tabula rasa* fictícia, diretamente saídos de sua floresta, por assim dizer, se entregassem imediatamente à elaboração de escalas etárias, tanto para eles mesmos quanto em geral? E por que seriam levados a elaborar esse tipo de cronologias? Ora, na falta desses quadros cronológicos e de um conhecimento relativamente amplo e seguro das regularidades inerentes aos corpos celestes, bem como a seu próprio corpo, será que a experiência deles, em particular sua experiência de si, não se distinguiria da nossa, de maneira determinável e explicável? Ao contrário de uma ideia que é hoje dominante, sem dúvida, a imagem que os homens têm de si, ou sua experiência de si mesmos, em suma, não é independente do patrimônio de saber de que eles dispõem, nem tampouco isolável de sua experiência do mundo em geral. Ela é parte integrante de seu universo sociossimbólico e se modifica junto com ele. Situa-se num desenvolvimento do conhecimento que, partindo de um estado hipotético de desconhecimento absoluto da verdadeira concatenação dos acontecimentos — um desconhecimento temperado apenas por algumas construções da fantasia —, leva a uma redução da ignorância e a uma maior congruência com a realidade dos símbolos utilizados pelos homens.

13

A noção de "tempo" remete a alguns aspectos do fluxo contínuo de acontecimentos em meio aos quais os homens vivem, e dos quais eles mesmos fazem parte. Esses aspectos podem ser designados como o que constitui, nos acontecimentos, a dimensão do "quando", ainda que esta definição não abranja todo o campo de sua realidade. Se tudo ficasse imóvel, não poderíamos falar de tempo. Por certo é mais difícil compreender que tampouco seria possível falar de tempo num universo que comportasse uma única sequência de mudanças. Se vivêssemos nesse tipo de universo monódromo, nunca teríamos como saber nem como nos perguntarmos *quando* aconteceria alguma coisa. É que as perguntas referentes ao "quando" visam a situar acontecimentos específicos em meio ao fluxo incessante dos que lhes são semelhantes, a fixar limites que materializem começos e fins em relação ao interior do fluxo, a distinguir um dado intervalo de outro, ou a compará-los do ponto de vista de seu respectivo comprimento ou "duração", e a muitas outras operações similares.

Essas são maneiras diversas de determinar o tempo, que seriam impossíveis de contemplar num universo monódromo. Nelas, com efeito, todas as coisas se produzem de acordo com o antes e o depois; dois períodos diferentes de uma série evolutiva contínua nunca são apresentados em conjunto. O que fazemos com a ajuda das escalas de medição do tempo é exatamente isto: utilizando uma certa sequência de acontecimentos, instauramos limites dentro de uma outra sequência e, com isso, determinamos começos e fins relativos. Por exemplo, declaramos: "Nós começamos às oito horas e terminamos às dez", ou então, comparando no interior do fluxo contínuo a duração de intervalos que não se dão juntos, dizemos: "Trabalhamos durante duas horas." Isso só se tornou possível porque os homens descobriram e, mais tarde, elaboraram outras sequências contínuas de mudanças, passíveis de fornecer escalas de medição do tempo para eles mesmos e para suas sociedades. A princípio, eles utilizaram as sequências constituídas pelo que chamamos de fenômenos naturais. Em seguida, recorreram cada vez mais a sequências mecânicas, de origem humana, para determinar sua própria posição no interior do devir, em sua tríplice qualidade de processos biológicos, sociais e pessoais. Enquanto não sabiam utilizar outros quadros de referência que não as sequências de mudanças de ordem natural, para fixar começos e fins relativos e, desse modo, determinar intervalos de igual duração no interior do *continuum* evolutivo constituído por eles mesmos, os homens desconheciam, por exemplo, sua idade, e a rigor não tinham como conhecê-la. Para determinar o começo de qualquer atividade social recorrente, não dispunham de nenhum padrão de medida comum, a não ser seus próprios impulsos imediatos.

A determinação do tempo repousa, portanto, na capacidade humana de relacionar duas ou mais sequências diferentes de transformações, uma delas servindo de escala de medição do tempo para a outra ou as outras. Esse tipo de síntese intelectual representa um feito que está longe de ser elementar, uma vez que a sequência de referência pode ser profundamente diferente daquela para a qual serve de escala de medida. As configurações sempre cambiantes que formam os corpos celestes são muito diferentes, à sua maneira, das configurações não menos mutáveis que os homens formam entre si. No entanto, durante milênios, os homens utilizaram as primeiras, de um modo ou de outro, para situar estas últimas no tempo. Que traços comuns específicos tornam possível essa operação? Tomemos o exemplo de nossos relógios: em essência, um relógio é uma maquininha em perpétuo movimento, que produz uma sucessão ininterrupta de modificações nas configurações formadas pelos símbolos gravados em seu mostrador. Como tal, não apresenta semelhanças com a sucessão ininterrupta de modificações que se produzem na vida pessoal e social dos homens, que utilizam os relógios como padrões de medida a fim de estruturar e coordenar suas próprias atividades. Que relação mantém a sequência de acontecimentos representada pelo relógio com as mudanças de ordem social ou pessoal que se produzem continuamente no mundo humano? Que têm em comum, afinal, essas sequências de tipo diferente? A resposta é de uma simplicidade ilusória: o simples fato de se modificarem continuamente, de acordo com uma ordem sequencial relativamente regular, pois, quando estas ou aquelas param de se modificar segundo essa ordem, não mais existem relógios nem seres humanos. A noção de "tempo" relaciona-se com as características comuns às sequências de mudança que apresentam uma estrutura contínua, independentemente de suas diferenças de natureza.

Portanto, o que chamamos "tempo" significa, antes de mais nada, um quadro de referência do qual um grupo humano — mais tarde, a humanidade inteira — se serve para erigir, em meio a uma sequência contínua de mudanças, limites reconhecidos pelo grupo, ou então para comparar uma certa fase, num dado fluxo de acontecimentos, com fases pertencentes a outros fluxos, ou ainda para muitas outras coisas. É por essa razão que o conceito de tempo é aplicável a tipos completamente diferentes de contínuos evolutivos. A aparente revolução do Sol ao redor da Terra pode ser padronizada sob a forma do ano solar, o qual, por sua vez, pode servir de escala de medida para o desenrolar de outros processos cósmicos, ou para o de uma vida humana, ou ainda, para processos de formação de Estados. Apreenderemos isso com mais clareza ao voltarmos à forma verbal da palavra "tempo", à atividade humana de sincronização ou "temporação". É possível determinar posições e intervalos numa corrida de cavalos, numa reação química, numa visita ou numa guerra. Em todos os estágios do universo, físico, biológico, social ou pessoal, as sucessões de acontecimentos dão margem à sincronização. É isso que temos em vista ao declarar que o conceito de tempo pode ser aplicado a sequências de qualquer espécie, independentemente de seu caráter específico. Na totalidade dos casos, a única coisa necessária é a padronização social de uma certa sequência de acontecimentos que sirva de escala de medida, e pouco importa que ela seja de ordem física ou de ordem sócio-histórica. Para quem analisa a operação de determinação do tempo, as distinções marcantes entre "natureza", "história" ou "civilização" já não vigoram. Isso deve ser relacionado, certamente, com o caráter instrumental dessa operação, mas sugere também que a nitidez dessas distinções é própria de cada época e está sujeita a revisões.

14

Ao tratarmos dos problemas relativos ao tempo, uma das principais fontes de dificuldades é a tendência, muito difundida, a atribuir ao "tempo" em si algumas propriedades dos processos dos quais esse conceito representa, simbolicamente, os aspectos evolutivos. Dizemos que "o tempo passa", referindo-nos às transformações contínuas de nossa vida ou das sociedades em cujo interior vivemos. Esse fetichismo particular, ligado à noção de tempo, decorre do fato de este representar uma síntese intelectual, um estabelecimento de relações entre acontecimentos, o qual se efetua num nível relativamente elevado. Ele implica não somente a instituição de uma ligação, por um certo grupo humano, entre um processo evolutivo contínuo que serve de escala de medida e outros processos do mesmo tipo, em cujo interior procuramos determinar posições e intervalos, mas implica também o estabelecimento de uma relação, no seio de uma única e mesma sequência de acontecimentos, entre o que se produz "mais cedo" e o que se produz "mais tarde".

De fato, uma das chaves essenciais para resolver os problemas suscitados pelo tempo e por sua determinação é a capacidade, característica da espécie humana, de apreender num relance e, por isso mesmo, ligar numa mesma sequência contínua de acontecimentos aquilo que sucede "mais cedo" e o que sucede "mais tarde", o "antes" e o "depois". A memória desempenha um papel decisivo nesse tipo de representação, que enxerga em conjunto aquilo que não se produz num mesmo momento. Ao falar dessa maneira numa capacidade de síntese, pretendo referir-me, em particular, àquela capacidade, característica do homem, de presentificar para si o que de fato não está presente *hic et nunc*, e de ligá-lo com o que está efetivamente presente *hic et nunc*. Essa, evidentemente, é apenas *uma* das manifestações do poder humano de efetuar sínteses, mas desempenha um papel essencial em todas as modalidades de determinação do tempo. Mais exatamente, seria inútil dizer que agora são quatro horas, se não estivéssemos simultaneamente cônscios de que antes eram duas horas e, depois, serão seis. "Antes" e "depois" traduzem, aqui, a capacidade humana de abarcar numa só representação acontecimentos que não ocorrem ao mesmo tempo, e que tampouco são experimentados como simultâneos.

Aproximamo-nos, neste ponto, de alguns aspectos do problema do tempo que evidenciam ainda melhor sua complexidade. À primeira vista, esse conceito pareceria relacionar-se com algo monolítico e relativamente simples, daria a impressão de ter um conteúdo enunciável numas poucas frases. Na realidade, ele representa uma relação instrumental muito complexa entre sequências de acontecimentos, a qual é estabelecida, com certos objetivos, por grupos humanos mais ou menos solidamente organizados, entre ou dentro de contínuos evolutivos observáveis, podendo essa operação incluir ou não o *continuum* constituído por esses próprios grupos.

Falei até aqui da síntese a que os homens procedem ao representarem para si, simbolicamente, uma sequência de acontecimentos como tal, ou ao simplesmente perceberem essa sequência como um fluxo contínuo de acontecimentos que se produzem uns após outros. Poderíamos chamá-la de "síntese do sucessivo", no sentido daquilo que constitui a estrutura própria dos processos. O que não figura nesse tipo de simbolização é o papel do próprio homem, sua capacidade de abarcar com o olhar, de considerar simultaneamente aquilo que se produz em sucessão, e de representar seu caráter sequencial com a ajuda de símbolos sociais. A sequência aparece aqui como um simples fluxo contínuo de acontecimentos, os quais, como se costuma dizer, produzem-se "ao longo do tempo". A simbolização está relacionada com a estrutura própria da sequência. Nesse modo de conceituação do tempo, a experiência dos homens e sua capacidade de síntese não são levadas em conta.

Existe, porém, um outro tipo muito corriqueiro de conceituação do tempo, que leva em conta esse poder humano de síntese, essa capacidade de apreender na unidade de um mesmo olhar aquilo que se produziu ou se produzirá noutros momentos. Refiro-me aqui às noções de "passado", "presente" e "futuro". Sua função e sua significação permanecem mal entendidas, porque deixamos de destacar com clareza tanto aquilo que as diferencia quanto aquilo que as aproxima de noções como "ano", "mês" ou "hora". Enquanto os conceitos pertencentes à primeira categoria representam a estrutura temporal da sequência de acontecimentos como tal, o conteúdo de significação dos da segunda inclui a atividade humana de síntese que considera essas sequências e sua estrutura temporal. O enigma que eles colocam diante de nossa inteligência repousa, acima de tudo, no caráter oscilante de sua ordenação da estrutura temporal das sequências: o futuro de hoje é o presente de amanhã, e o presente de hoje é o passado de amanhã.

A solução do enigma é muito simples: basta lembrarmos o modo específico de ligação que encontramos em qualquer estudo do tipo de experiência própria do homem, e imaginarmos o aparelho categorial necessário para a representação simbólica dessa experiência. "Passado", "presente" e "futuro" designam o tipo de conceito que se faz necessário para a representação desse modo de ligação. Se a significação de "passado", "presente" e "futuro" — em relação à série de mudanças que podem ser expressas, conforme a escala temporal de nossa era, por uma série linear de números (1605, 1606, 1607 etc.) — está em constante evolução, a razão disso é que os próprios homens a quem esses conceitos remetem e dos quais eles traduzem a experiência estão em constante evolução, e essa relação com a experiência humana vem inscrever-se no sentido desses conceitos. O que são "passado", "presente" e "futuro" depende das gerações vivas do momento. E, como estas se ligam constantemente, era após era, o sentido ligado a "passado", "presente" e "futuro" não para de evoluir. Aqui, assim como nos conceitos temporais mais simples, de caráter serial, tais como "ano" ou "mês", expressa-se a capacidade humana de efetuar sínteses — no caso, de experimentar como simultaneidades aquilo que não se produz na simultaneidade. Mas os conceitos do tipo "ano", "mês" ou "hora" não integram essa capacidade, ainda que a pressuponham em seu sentido. Eles simplesmente representam sequências contínuas de acontecimentos de duração variada. Os conceitos de "passado", "presente" e "futuro", ao contrário, expressam a relação que se estabelece entre uma série de mudanças e a experiência que uma pessoa (ou um grupo) tem dela. Um determinado instante no interior de um fluxo contínuo só adquire um aspecto de presente em relação a um ser humano que o esteja vivendo, enquanto outros assumem um aspecto de passado ou de futuro. Em sua qualidade de simbolizações de períodos vividos, essas três expressões representam não apenas uma sucessão, como "ano" ou o par "causa-efeito", mas também a presença simultânea dessas três dimensões do tempo na experiência humana. Poderíamos dizer que "passado", "presente" e "futuro" constituem, embora se trate de três palavras diferentes, um único e mesmo conceito.

Durante muito tempo, foi um enigma para o homem ver que os acontecimentos concretos dentro de uma sequência, e, por conseguinte, as unidades de tempo de caráter sequencial, qualificáveis de presentes — as horas, meses ou anos de uma dada era —, modificavam-se constantemente, havendo assim um deslocamento contínuo das fronteiras entre o passado, o presente e o futuro. O aparente paradoxo ligado a essas três dimensões do tempo vivido foi percebido desde a Antiguidade. Assim é que Censorinus, depois de evocar o "tempo absoluto", descreveu nos seguintes termos a tríade passado-presente-futuro:

"[O tempo absoluto] é imenso, sem começo nem fim. Sempre existiu e sempre existirá da mesma maneira. Não se relaciona com nenhum ser humano mais do que com outro. Divide-se em três tempos: o passado, o presente e o futuro. O passado não tem entrada, o futuro não tem saída. Quanto ao presente, situado na posição intermediária, é tão breve e inapreensível, que não possui extensão própria e parece reduzir-se à conjunção do passado com o futuro. É tão instável que nunca fica no mesmo lugar; e tudo aquilo que é por ele atravessado é retirado do futuro para ser entregue ao passado."[7]

Censorinus formulou o enigma de maneira um tanto estranha, mas que permite, justamente, captar melhor a origem das dificuldades. Ele utiliza as três expressões, "passado", "presente" e "futuro", quase como se elas designassem três objetos diferentes "no tempo e no espaço". Aborda-as, como às vezes ainda se faz hoje em dia, com a ajuda de categorias apropriadas para descrever os sistemas de relações que se manifestam no plano físico, mas inadequadas para estudar os sistemas de relações no plano da própria experiência.

O caráter singular dos conceitos temporais que integram a experiência desse construtor de sínteses que é o homem (conceitos como "passado", "presente" e "futuro") ressalta com mais clareza quando os comparamos com outros conceitos, como "mais cedo" ou "mais tarde". Estes e aqueles podem relacionar-se com as mesmas sequências de acontecimentos. Entretanto, diversamente do tipo de determinação do tempo pelo qual se interessou um Einstein, por exemplo, o fato de classificarmos acontecimentos como "anteriores" e "posteriores" independe de qualquer grupo específico de referência. O que se produz "mais cedo" será sempre anterior ao que se produz "mais tarde". Em contrapartida, a noção de presente caracteriza a maneira como o tempo é determinado por um grupo humano vivo e suficientemente desenvolvido para relacionar qualquer sequência de acontecimentos — seja ela de ordem física, social ou pessoal — com o devir a que esse mesmo grupo está submetido. Em função desse devir, tal grupo, ou cada um de seus membros individuais, pode apor a chancela do presente sobre o que realiza *hic et nunc*, sobre o que vive e sente diretamente, com isso o distinguindo tanto do que está para trás, e que subsiste tão somente na lembrança, quanto do que um dia talvez possa experimentar ou sofrer, isto é, tanto do passado quanto do futuro. O que há de particular nesses conceitos temporais, ligados ao devir de um homem vivo em determinado momento, é que nenhum deles se reveste de uma significação clara, a menos que todos estejam conjuntamente presentes na consciência humana.

Comparemos certas expressões, como "mais cedo" ou "mais tarde" — aplicadas a processos físicos em andamento, recorrentes ou não —, com expressões como "agora", "hoje", ou "passado", "presente" e "futuro", aplicadas às mesmas sequências de acontecimentos. As concepções temporais do primeiro tipo representam um relacionamento de posições diferentes dentro de uma mesma sequência; ela será idêntica para todos os sujeitos de referência.[8] Em contrapartida, as posições internas ao fluxo que representam expressões como "agora" modificam-se quando as pessoas ou os grupos de referência se alteram. Como dissemos, as linhas de demarcação entre passado, presente e futuro modificam-se constantemente, porque os próprios sujeitos para quem um dado acontecimento é passado, presente ou futuro se transformam, ou são substituídos por outros. Eles se transformam individualmente, no caminho que os conduz do nascimento à morte, e coletivamente, através da sucessão das gerações (e também de muitas outras maneiras). É sempre em referência aos seres vivos do momento que os acontecimentos se revestem do caráter de passado, presente ou futuro. A sequência social dos "anos que correm" (do ano 1 ao ano 2000 e além dele) desenrola-se, exatamente como as sequências principais de uma evolução estelar ou biológica, sem qualquer referência a seres humanos determinados. Por esse ponto de vista, entretanto, existe uma diferença entre as sequências de caráter social e as que, alheias ao homem, são de caráter puramente físico. Nas sociedades humanas, a experiência vivida de sua estrutura evolutiva pode contribuir para modelar o desenrolar dos próprios processos sociais. Por isso é que a experiência vivida das sequências de acontecimentos é parte integrante, na ordem social, do próprio desenrolar dessas sequências. Mas isso não acontece com relação ao que chamamos de "natureza", isto é, à dimensão física do universo.

Assim, o esclarecimento das relações, por vezes confusas, que se estabelecem entre conceitos temporais do tipo "ano", "mês" ou "hora" (ou também "antes" e "depois") e conceitos do tipo "presente", "passado" e "futuro" leva-nos a uma conclusão meio inesperada. Os conceitos do segundo tipo não se aplicam ao nível físico, àquilo que chamamos "natureza", onde a causalidade mecânica passa, com ou sem razão, pelo modo representativo de ligação. Ou então, só se aplicam a ela na medida em que haja seres humanos que remetam a si mesmos os acontecimentos que se desenrolam nesse plano. Os conceitos de "presente", "passado" e "futuro", de qualquer modo, só podem relacionar-se com o *perpetuum mobile* das cadeias causais que compõem a natureza com base numa identificação de caráter antropomórfico, como quando se fala do futuro do Sol. A rigor, essa natureza é identificável com uma série contínua de mudanças que afetam as configurações de matéria/energia. Nesse contexto, o forno a hélio que é o Sol afigura-se à consciência humana como uma fase de uma sequência, ou até mesmo já como uma unidade, pela simples razão de que essa formação assume uma importância particular para os seres humanos. Afora essa relação com a experiência vivida, a divisão das sequências contínuas de eventos do mundo "natural" em sequências passadas, presentes e futuras é desprovida de qualquer significação.

15

Para esclarecer alguns dos problemas que deveremos discutir aqui, convém retornarmos brevemente à significação geral do fato de os homens utilizarem diversos tipos de conceitos temporais. Por um lado, eles utilizam noções que remetem a sequências evolutivas que são objeto de uma apreensão consciente, sem dúvida, mas sem serem designadas como uma experiência deste ou daquele sujeito determinado na própria conceituação, e, por outro, utilizam noções como a maneira pela qual os seres humanos — que eventualmente fazem parte delas — vivem essas sequências na própria formação da conceituação.

Não é fácil construir uma tipologia que se preste à diferenciação dessas duas espécies de conceitos temporais. Talvez convenha contrastar os conceitos "estruturais" com os conceitos "ligados a uma experiência". Tanto uns quanto outros são representações simbólicas de ligações ou de sínteses aprendidas, porém representam tipos de síntese diferentes. As expressões "mais cedo" ou "mais tarde" exprimem sínteses efetuadas entre posições internas a um *continuum* evolutivo considerado como tal. Podem aplicar-se a relações de causa e efeito de caráter mecânico. Inversamente, as expressões "passado", "presente" e "futuro", apesar de também designarem o caráter anterior ou posterior dos acontecimentos, são simbolizações conceituais relativas a relações não causais. Aqui, uma certa maneira de *viver* as sequências de acontecimentos é incluída na síntese conceitual. Como dissemos, o presente é aquilo que pode ser imediatamente experimentado, o passado é o que pode ser rememorado, e o futuro é a incógnita que talvez ocorra, algum dia. Voltemo-nos em pensamento para os anos de 1500 e 3000 d.C., que representam, respectivamente, o passado e o futuro. Entre essas datas encontram-se anos que dizemos estarem ocorrendo "agora", ou encarnarem o "presente". Mas, eles recebem esse caráter de presente no contexto da experiência de um passado e um futuro. Não encontramos nenhuma segmentação desse tipo no fluxo em si do devir. O que constitui o passado funde-se sem ruptura com o presente, assim como este se funde com o futuro. Podemos ver isso com clareza quando o futuro, transformado em presente, transforma-se, por sua vez, em passado. É somente na experiência humana que se encontram essas grandes linhas demarcatórias entre "hoje", "ontem" e "amanhã".

Tais conceitos temporais estruturam a experiência do devir em função de sua relação com o *continuum* evolutivo representado pelos grupos humanos que vivem essa experiência. São característicos da quinta dimensão do universo. Isso porque, com o surgimento da realidade humana, uma quinta dimensão — que poderíamos chamar de dimensão da experiência vivida ou da consciência — vem somar-se às quatro dimensões do espaço e do tempo. Tudo o que se produz ao alcance do homem, tornando-se acessível à experiência e à simbolização humanas, já não se deixa determinar com a ajuda de quatro coordenadas, porém de cinco. A própria síntese evolutiva que deu origem à atual concepção do tempo é característica dessa dimensão, no que ela tem de específico. A preocupação científica com o rigor impede-nos de deixar na obscuridade tanto sua origem natural quanto sua especificidade irredutível. Todavia, o estatuto epistemológico desses conceitos ligados à experiência, tais como "passado", "presente" e "futuro", que representam a quinta dimensão especificamente humana, ainda hoje continua incerto. A discussão deles, com frequência, passa pela especulação metafísica, não suscetível de verificação objetiva e entregue à fantasia de cada um.

Há nisso um mal-entendido cuja origem é muito simples. Segundo uma poderosa tradição, o sistema de categorias desenvolvido no estudo dos níveis propriamente físicos do universo, bem como os tipos de síntese que refletem os modos de ordenação das coisas descobertas nesses níveis — acima de tudo, ligações mecânicas do gênero causa-e-efeito —, seriam igualmente convenientes para a investigação das ordenações que vigoram em todos os patamares de integração do universo, e que, fora deles, não haveria outros tipos "racionais" de síntese. Os processos que ocorrem em patamares de integração pré-humanos, relativamente simples, poderiam ser objeto de um estudo físico preciso, ao passo que os situados nos patamares de integração humanos, muito mais complexos, não seriam acessíveis pelos métodos comprovados das ciências e, desse modo, ficariam entregues ao arbítrio das especulações metafísicas. Isso não é fato, mas o domínio da tradição faz com que, ainda hoje, muita gente tenha dificuldade em se distanciar dessa concepção. Os problemas relativos ao tempo decerto deram margem, muitas vezes, a tais especulações. Entretanto, a síntese em processo de desenvolvimento — representada, provavelmente desde o nascimento dos Estados, por um conceito de tempo — e o desenvolvimento de técnicas e instituições de medição do tempo que está ligado a ela prestam-se a uma análise das mais exatas, e não deixam margem para especulações. Nesse contexto, o "tempo", ou, mais exatamente, sua determinação, aparece como um meio de orientação, elaborado pelos homens com vistas a realizar certas tarefas sociais muito precisas, dentre as quais figura também a determinação dos movimentos dos corpos celestes.

É difícil, muitas vezes, compreender que a desconfiança da possibilidade de uma exploração precisa e segura do que aqui designamos como quinta dimensão do universo foi uma generalização abusiva, feita a partir de um estágio particular — o mais antigo — do desenvolvimento das modernas ciências da natureza. É nisso que se enraíza a ideia de que se deve considerar metafísica, e não científica, qualquer maneira de ligar os acontecimentos que não seja aquela cuja ascendência a física clássica consagrou. Essa ideia reflete um certo estágio da evolução do saber e, por isso mesmo, uma hierarquia de estatuto nas ciências; em outras palavras, traduz a relação de forças que se estabeleceu, nesse estágio, entre os especialistas das diversas disciplinas. O fato de as pesquisas relativas a essa dimensão "experiencial" do real, que é propriamente humana e social, ficarem entregues à especulação, com excessiva facilidade, faz parte das lamentáveis sequelas de uma tradição racionalista que tende a relegar ao inferno do irracional tudo o que não se deixa representar em termos de ligações causais mecânicas.

O que foi dito acima sobre as relações e as diferenças entre conceitos temporais de caráter estrutural e de caráter experiencial pode colocar-nos na trilha de uma mudança de perspectiva. Atualmente, os homens dispõem, sobre o mundo em que vivem, de um saber que apresenta uma heterogeneidade singular. Eles conseguiram adquirir uma massa realmente considerável de conhecimentos fidedignos a respeito dos patamares de integração propriamente físicos do universo. Aumentou a adequação ao real das representações simbólicas de que eles se servem para explorar esses patamares. Contudo, no que tange a outros patamares, em particular o da realidade humana que eles mesmos constituem, seus símbolos conceituais estão longe de haver atingido um grau equiparável de coerência e fidedignidade. A adequação ao real das representações simbólicas que eles utilizam para explorar essa dimensão propriamente humana, bem como para resolver os problemas que encontram nela, continua a ser bastante inferior à dos símbolos de que aprenderam a se servir no plano da "natureza". Essa limitação e essa incerteza refletem-se no saber que os ajuda ao tentarem orientar-se nesse plano.

Com efeito, os grandes avanços realizados pelos homens na exploração dos níveis físico e, muitas vezes, também biológico do real revelaram-se, ao mesmo tempo, úteis e prejudiciais para o progresso de sua orientação sobre os patamares de integração constituídos pela realidade humana. A exploração desses níveis do real comporta, sem dúvida alguma, dificuldades específicas. Visivelmente, os homens têm um certo medo da ideia de partir para a descoberta de si mesmos, medo dos possíveis resultados dessa exploração. Os problemas do "tempo", por sua vez, também são frequentemente tratados como uma espécie de mistério, em cujos véus poderíamos envolver-nos como se fossem uma roupa protetora. Mas, o que assim se revela não é uma cabeça de górgone e não comporta nada de assustador. Aos poucos, descobriremos que se trata de uma imagem do dificílimo caminho que os homens tiveram de percorrer para conseguir se orientar melhor em seu universo. Eles conseguiram substituir os movimentos do Sol, da Lua e dos outros astros — referenciais cronológicos e instrumentos de sincronização relativamente irregulares — por uma rede cada vez mais densa e regular de "cronômetros" artificiais. A partir daí, como veremos, a sincronização de seu comportamento com os relógios e os calendários foi levada a tal ponto que, efetivamente, eles passaram a sentir sua consciência do tempo como um componente misterioso de sua própria natureza, ou a sentir o tempo reificado como um dom divino.

16

Um dos dilemas próprios das ciências humanas, como acabamos de indicar, é que elas são largamente dominadas pela aspiração dos homens a fugir deles mesmos. Mas essas dificuldades, como outras que lhes são inerentes, são vivamente agravadas pelo fato de que as ciências físicas, em razão de seu sucesso na exploração da "natureza", adquiriram o estatuto social de modelo normativo de *qualquer* ciência. Assim, os investigadores que se dedicam ao estudo dos patamares de integração propriamente humanos do universo veem-se apanhados numa armadilha. Só dispõem de uma opção entre duas possibilidades igualmente infrutíferas de uma alternativa. Ou bem, decerto movidos pela esperança de serem reconhecidos como cientistas completos, eles admitem logo de saída a superioridade dos métodos de pesquisa aperfeiçoados pelas ciências físicas, sem procurar verificar a pertinência desses métodos em seu próprio campo, ou então, quando os modelos oferecidos pelas ciências da natureza não lhes parecem nada adequados, procuram construir representações simbólicas que se adaptem melhor à especificidade das ligações identificáveis no plano da realidade humana. Nesse caso, eles correm o risco de vagar por um mar de incertezas, tanto assim que os resultados de seus esforços frequentemente exalam um leve perfume de especulação e metafísica.

Ao analisarmos, hoje em dia, os problemas ligados ao tempo, esbarramos vez após outra nessa armadilha. Como fator determinante das ligações causais, o "tempo" se afigura um conceito claro e preciso, firmemente enraizado nas ciências físicas. Quanto ao tipo de ligação que encontramos no estudo do tempo vivido, ele fica entregue — basta olharmos para Bergson e Heidegger — à metafísica. E essa não é a única maneira como a atual desigualdade do desenvolvimento do saber entre os campos da realidade física e da realidade humana repercute na problemática do tempo. Um dos aspectos mais surpreendentes da abordagem contemporânea dos problemas do tempo reside na atenção desigual que lhes é dedicada pelos especialistas das ciências da natureza e pelos das ciências sociais. Na prática das sociedades humanas, os problemas ligados à determinação do tempo assumem uma importância crescente, ao passo que o interesse que lhes é dedicado pelas teorias da sociedade é ínfimo, comparativamente. Sem dúvida alguma, isso decorre, em parte, do fato de que, para a opinião dominante, as pesquisas sobre o tempo pertencem ao campo da física teórica. Se perguntássemos qual das teorias científicas sobre o tempo está hoje mais avançada e é mais importante, a teoria de Einstein seria, provavelmente, a que receberia o mais amplo assentimento. É compreensível, portanto, que os sociólogos tenham a sensação de que os problemas do tempo situam-se fora de seu campo de competência.

Mas, isso não é tudo. O desenvolvimento desigual das ciências naturais e das ciências humanas tem consequências mais profundas: estas encontram expressão em múltiplas dicotomias conceituais, que tendem a levar a crer que a natureza externa ao homem e a realidade humana constituem dois universos separados, independentes e, em certo sentido, antagônicos e incompatíveis. Evoluímos, hoje em dia, dentro de um quadro teórico centrado em oposições conceituais do tipo "natureza e sociedade", "natureza e cultura", "objeto e sujeito", "matéria e espírito", ou ainda, precisamente, "tempo físico e tempo vivido" etc. Embora alguns desses pares de opostos tenham-nos sido legados por épocas anteriores, nem por isso eles deixam de refletir nitidamente, em sua versão contemporânea dominante, as desigualdades do desenvolvimento de nosso saber e a fragmentação da pesquisa em especialidades acadêmicas, aparentemente desvinculadas umas das outras. Assim é que a "natureza" tem sido associada ao campo de pesquisa das ciências exatas, notadamente da física, enquanto a realidade humana, em suas diversas manifestações — sociedade, cultura, experiência etc. —, tem sido isolada como algo que, justamente, não pertenceria à "natureza". Há quem alimente a esperança temerária de um dia explicar em termos da física a íntegra dessa realidade humana. Outros sentem-se convencidos de que um abismo existencial intransponível separa o humano da "natureza" (entendida no sentido de objeto das ciências naturais). Todas essas dicotomias representam linhas secretas de confronto e conferem a aparência de conflitos existenciais ao que, examinado mais de perto, revela-se algo totalmente diverso, a saber, avaliações diferentes às quais procedem diferentes grupos, a propósito de planos também diferentes, se bem que solidários, do universo, estendendo-se essas avaliações, por delegação, aos diferentes grupos que se dedicam ao estudo dessa diversidade de planos. Essa é a razão por que nos contentamos, em todos esses casos, em justapor, sob a forma de dicotomias conceituais elementares, símbolos representativos dessas diferentes regiões do universo, sem jamais levantar a questão, embora ela seja evidente, da relação entre essas regiões. Adquirimos o hábito de dividir o universo, conceitualmente, segundo as linhas divisórias dos diferentes campos universitários de especialização.

A dicotomia "natureza e sociedade" não é senão um dos inúmeros exemplos desse tipo, mas revela com muita clareza as insuficiências de tal conceituação. Na medida em que dá a impressão de que esses dois campos seriam não apenas existencialmente diferentes, mas também, de certo modo, antagônicos e irreconciliáveis, tal conceituação impede de antemão qualquer pesquisa que se refira à relação entre o que chamamos "natureza" e o que chamamos "sociedade". Esses dois campos são colocados como independentes um do outro, como independentes gostariam de ser os grupos de especialistas que se dedicam ao estudo de um ou do outro. Na realidade, a humanidade, e portanto, também a "sociedade", a "cultura" etc., não são menos "*naturais*" nem menos integrantes de *um único e mesmo* universo do que os átomos ou as moléculas. De fato, a "humanidade" e a "natureza" não diferem existencialmente uma da outra, no sentido como levaria a crer nossa maneira contemporânea de falar e pensar. Os cientistas que escolhem como objeto de pesquisa a "natureza" e os "homens", respectivamente, são distintos. Todo representante de uma disciplina científica especializada tende a considerar seu próprio campo de pesquisa como um objeto isolado, e a lhe conferir uma autonomia absoluta em relação aos campos de investigação das outras ciências. Quando as pesquisas científicas referentes aos níveis de realidade menos complexos, os das coisas inanimadas, assumiram a dianteira em relação a todos os outros campos de estudo, e quando seu interesse foi confirmado pelas grandes possibilidades de aplicação de seus resultados aos problemas da humanidade, passou-se a considerar seu campo de investigação, sob as denominações de "natureza" ou "objeto", como existente em si, desvinculado dos homens, dos "sujeitos" do conhecimento. Em outras palavras, certas diferenças no ritmo de desenvolvimento dos recursos humanos de orientação foram integradas na norma geral do discurso e do pensamento. Elas encontraram expressão no estatuto cognitivo diferente que se atribui, por um lado, à "natureza física", como objeto estruturado de um grupo de ciências muito avançadas, e por outro, aos "homens", objeto muito menos estruturado de um grupo de ciências menos avançadas. Daí, enfim, o abismo, aparentemente intransponível, que se diria separar os planos "físico" e "humano" do universo.

Talvez convenha nos lembrarmos desse diagnóstico quando se tratar das "duas culturas" que são representadas, uma, pelas ciências naturais e suas aplicações, e outra, pelas ciências humanas e sociais, bem como por todo o campo da arte e da literatura, ou seja, pela "cultura" no sentido estrito da palavra. É fato que a maneira de pensar e de se exprimir dos grupos de especialistas que trabalham num e noutro campo é totalmente diferente. E é por isso que lhes é difícil a comunicação. Também não convém escondermos de nós mesmos o fato de que, com muita frequência, os especialistas são apanhados em disputas de poder em que os representantes de cada grupo afirmam energicamente que seu campo de especialização apresenta um interesse superior ao dos outros. No atual estágio da discussão, porém, os dois campos parecem estar habituados a considerar essa separação entre grupos de especialistas de línguas e orientações diferentes como um traço permanente do próprio universo, comparável a dicotomias do tipo "sujeito e objeto", "homem e natureza", "história e ciência natural", que hoje nos são tão familiares. Trata-se, na realidade, de uma separação inteiramente provisória, que caracteriza um determinado estágio da evolução social no qual os homens estão muito bem informados sobre a conduta a adotar frente a fenômenos de caráter puramente físico, ao passo que seu saber sobre eles mesmos, como indivíduos e sociedades, sua orientação dentro de seu próprio mundo e, portanto, também sua compreensão do impacto que têm em sua vida social esses progressos de seu conhecimento da natureza inanimada, ainda não atingiram nem de longe o mesmo nível. A divisão social a que aludimos ao falar das "duas culturas" representa, portanto, algo de passageiro. Talvez este estudo ajude a evidenciar esse caráter provisório e a precipitar seu fim.

Cabe aqui assinalar pelo menos a insuficiência da dicotomia "natureza e sociedade", e de outras do mesmo tipo, pois as pesquisas sobre o problema do tempo continuarão bloqueadas enquanto forem conduzidas pela óptica dessa oposição conceitual. O investigador fica tendo que abordar o "tempo social" e o "tempo físico" — tempo interno à sociedade e tempo interno à natureza — como se eles existissem e pudessem ser estudados independentemente um do outro. Ora, isso é impossível. Os homens, desde as primeiras providências tomadas para situar os acontecimentos no tempo, situaram-se *no interior* do universo físico e se portaram como um elemento desse universo. Na realidade, os problemas do tempo não se deixam enquadrar nos escaninhos correspondentes à divisão das disciplinas científicas que hoje prevalece, nem na compartimentação de nosso aparelho conceitual que é uma decorrência disso. O exame deles, portanto, pode contribuir para restabelecer uma certa consciência da interdependência entre "natureza" e "sociedade" e, em termos mais latos, da unidade na diversidade que é o universo.

Não é muito difícil romper o bloqueio imposto a nosso pensamento pela dicotomia conceitual "natureza e sociedade", a partir do momento em que começamos a explorar a problemática do tempo. Boa parte do que será dito mais adiante mostrará isso. Por ora, talvez baste recordar o exemplo paradigmático anteriormente citado — o do sacerdote que tentava determinar para seu povo o momento propício para a semeadura, observando a passagem do Sol por um certo ponto do horizonte. Nesse exemplo, como em tudo, lidamos com homens que eram tributários, para sua subsistência, dos frutos da "natureza". Eles eram dependentes da chuva, condição de germinação das sementes. Observavam o movimento do Sol — um deslocamento de ordem física — para determinar o momento em que conviria semear — uma atividade social —, a fim de encontrar a melhor maneira de saciar sua fome — um impulso natural.

17

Sempre retorno a esse episódio, porque essas formas primitivas da determinação do tempo raramente são ilustradas por documentos escritos, e porque o episódio em questão foi extraído de um desses documentos. Assim, ele apresenta, de maneira mais viva e direta do que é costumeiro, a função exercida num contexto social mais amplo por essa forma de determinação do tempo. Com frequência, ficamos reduzidos ao testemunho das pedras. Mas as pedras são mudas, e podem facilmente ser mal compreendidas. Lembremo-nos de Stonehenge, o antigo monumento erigido na planície de Salisbury, em Wiltshire (Inglaterra). Ele foi edificado em pelo menos três etapas, no decorrer do segundo milênio antes de Cristo, por homens de quem nada sabemos; talvez alguns deles fossem de origem mediterrânea. É patente que se trata de um santuário, de uma antiga Delfos do Extremo Ocidente. O monumento compunha-se — e até hoje continua a se compor, em parte — de enormes blocos de pedra, verticalmente erguidos e dispostos em círculos concêntricos. No solstício de verão, se nos aproximarmos dele de manhã, pelo nordeste, usando o caminho, ainda hoje visível e trilhável, por onde terão outrora enveredado sacerdotes ou reis e seus séquitos, e se seguirmos em linha reta o eixo principal do círculo em direção a seu centro, poderemos, olhando para o sudoeste, no prolongamento direto desse eixo, ver o sol erguer-se no horizonte, mais ou menos exatamente atrás de uma espécie de altar ou pedra solar. Em outras palavras, Stonehenge era um santuário que integrava um dispositivo de medição do tempo. É comum interpretar-se a disposição dessas pedras dizendo que ela foi obra de "adoradores do Sol". Mas essa é apenas uma maneira de disfarçar nossa ignorância. Naquele estágio de civilização, os homens adoravam deuses sistematicamente. Terão ou não considerado o Sol como uma manifestação de um desses deuses. Mas, quaisquer que possam ter sido suas outras funções, o monumento certamente foi utilizado como instrumento de determinação do tempo, semelhante, numa versão mais complicada, ao do sacerdote que observava o nascer do sol atrás de uma certa colina, no intuito de captar o sinal do começo da semeadura.

O termo "solstício" (*Sonnenwende*) significa, literalmente, o ponto em que o Sol muda de direção: havendo atingido o ponto extremo de seu percurso estival, ele faz meia-volta. Numerosos grupos humanos viram nesse solstício um sinal particularmente importante para eles. Durante muito tempo, os homens não tiveram tanta certeza quanto temos hoje da regularidade dos movimentos dos corpos celestes luminosos. Inúmeros testemunhos falam de homens que temiam que a Lua, desaparecida num eclipse, não voltasse nunca mais. Talvez eles também tivessem necessidade de se certificar de que o Sol, depois de seguir numa certa direção por algum tempo, retomaria sua marcha no sentido inverso. Os homens sentiam necessidade de levar oferendas a seus deuses, para lhes conquistar o beneplácito ou para se protegerem da maldição deles, isto é, para se certificarem de uma boa colheita, de uma volta de seus rebanhos ou da vitória sobre os inimigos. Mas, quaisquer que tenham sido as outras funções daquela construção monumental, ela nos proporciona, como instrumento de determinação do tempo, uma perspectiva melhor sobre a essência dessa operação e sobre o curso de seu desenvolvimento. Como muitos outros povos, os construtores de Stonehenge tentaram fixar o momento — nós dizemos o "tempo" — em que o Sol invertia o sentido de sua marcha em relação a eles. E o fizeram porque viam nessa mudança um sinal dado a seu grupo para que ele se empenhasse num certo tipo de atividade. Em outras palavras, sua determinação do tempo era ingenuamente egocêntrica, ou, em termos mais gerais, etno- ou sociocêntrica.

18

Convém refletirmos sobre outra particularidade das antigas modalidades de determinação do tempo, qual seja, seu caráter pontual, descontínuo.[9] Inúmeros fatos atestam que a determinação ativa do tempo, nos primeiros estágios de seu desenvolvimento, incidia apenas em pontos privilegiados no interior do que apreendemos como uma série contínua de mudanças.

Os dois exemplos citados poderão servir de ilustração aqui. Eles permitem chamar atenção para uma outra particularidade, não menos característica, dos tipos primitivos de determinação do tempo. Mesmo depois de haverem atingido um estágio em que já se sentiam bastante seguros de seu saber em relação à regularidade das trajetórias do Sol e da Lua, os homens ainda continuaram incapazes, durante muitos séculos, de calcular de antemão, às cegas, por assim dizer, as posições e formas de manifestação cambiantes desses astros. Quando essas luminárias do céu desapareciam por um momento, durante um eclipse solar ou lunar, por exemplo, ou quando modificavam sua aparência, como a Lua em suas fases crescentes e minguantes, os homens não tinham a mesma segurança que temos hoje do retorno desses astros a sua posição ou sua forma anteriores, após um prazo que hoje sabemos fixar com precisão. Para acreditar nesse retorno, eles precisavam vê-lo. O caráter pontual e descontínuo da determinação do tempo, portanto, era compatível com a necessidade que os homens tinham de estar diretamente na presença dos diversos objetos de que se serviam como indicadores temporais. Para que fosse atendida sua expectativa de uma resposta a perguntas do tipo "quando?", em relação a sua vida social, eles precisavam confirmar com os próprios olhos que o Sol, a Lua ou as estrelas ocupavam uma certa posição no céu.

O modo de determinação do tempo que era predominante nesse estágio costuma ser caracterizado como "concreto". Mas essa designação é imprópria, porque, ao observarmos a lua nova e dizermos aos outros, ou a nós mesmos, "ali está a lua nova", o que estamos fazendo é utilizar um *conceito* como meio de orientação e comunicação, e o conceito de "concreto", em oposição a "abstrato", não pode aplicar-se a conceitos. É possível, e na verdade necessário, fazer uma distinção entre os conceitos, conforme os diferentes níveis de abstração ou síntese que eles impliquem. As modalidades de determinação do tempo que repousam na percepção direta de um acontecimento pontual, no face a face com ele, como na observação de uma lua nova, por exemplo, representam uma forma de experiência que decorre de um nível de síntese ou de abstração relativamente baixo. Também por esse ponto de vista, as mudanças que afetam a operação de determinação do tempo tomam uma direção específica quando as sociedades incorporam um número cada vez maior de indivíduos, e quando se orientam para uma crescente diferenciação funcional.

No passado, procurou-se muitas vezes resolver o problema do "tempo" sem levar em conta a evolução da determinação do tempo e sua direção geral. Ora, enquanto se procede dessa maneira, o problema continua insolúvel. O enigma do "tempo" não poderá ser resolvido, se não nos referirmos à evolução do conceito de "tempo" e das diversas unidades temporais, como "ano", "mês", "hora" ou "minuto", todas as quais designam intervalos padronizados que se repetem entre uma posição anterior e uma posição posterior de uma unidade de mudança. Todavia, é possível que o acesso a uma abordagem evolucionista do problema fique impedido por certos juízos de valor legados ao conceito de "evolução" por seu emprego nos séculos XVIII e XIX, e que continuam associados a ele. Quer falemos do desenvolvimento da instituição social da cronologia, quer da evolução das sociedades em geral, o conceito de "evolução" é comumente posto no mesmo saco com o antigo ideal de "progresso" da época das Luzes. Parece implicar a ideia de que cada estágio posterior comporta um valor moral mais elevado que os precedentes, ou representa um passo em direção a uma felicidade maior. É comum não se estabelecer uma distinção clara entre essa representação ideal do progresso e uma abordagem sociológica evolucionista que tome por regra a simples evidência dos fatos, quer ela ateste um progresso ou um retrocesso, como, por exemplo, na ordem da diferenciação ou na da síntese.

Lembremo-nos da maneira como Darwin abordava o problema da evolução biológica. Ele não se preocupava em saber se os batráquios eram moralmente superiores aos peixes, os mamíferos, melhores do que os répteis, ou os homens, mais felizes do que os macacos. Apenas se perguntava por que e como as diversas espécies haviam-se transformado no que eram no presente, e buscava uma explicação para a superioridade funcional de que dispunham, em relação às demais, as espécies surgidas mais tardiamente no processo evolutivo. O problema geral da evolução das sociedades, em particular o do "tempo", requer uma abordagem similar. Pelo fato de as formas dominantes da determinação do tempo e, em correspondência com elas, o próprio conceito de "tempo" se haverem *transformado* no que são hoje, não temos como esperar explicar e compreender seu estado atual, a menos que sejamos capazes de descobrir como e por que elas se desenvolveram nessa direção.

19

Toda uma série de problemas desempenha um papel essencial nessa evolução. Eles constituem temas críticos que, como *leitmotive*, retornam sob diversas formas ao longo de toda a nossa pesquisa. Mas surgem, muita vez, sem serem anunciados. Nem sempre é possível nos referirmos explicitamente a eles, a menos que nos distanciemos em demasia do tema em discussão, seja qual for sua eventual pertinência em relação a esse tema. Por isso é que me parece oportuno expor muito sucintamente, mas de maneira explícita, pelo menos três desses temas.

Todos esses problemas provieram, em parte ou integralmente, da circunstância de certas formas comprovadas e correntes de expressão e pensamento bloquearem o acesso ao problema do tempo, bem como a muitos outros. Uma investigação sobre o tempo, como já assinalamos, pode ser útil como ponto de partida para a grande limpeza que se impõe há muito tempo. Essa necessidade sempre se faz sentir, quando uma tradição intelectual que fornece seus principais referenciais às sociedades que a abrigam segue seu curso por vários séculos, como acontece com a nossa desde o (chamado) Renascimento até a época atual, digamos, de Descartes a Husserl, de Galileu a Einstein, ou ainda, do tomismo ao neotomismo, de Lutero a Barth, Bultmann ou Schweitzer. Em todos esses casos, alguns postulados fundamentais implantaram-se tão profundamente nos modos comuns de pensamento e expressão, que não mais são sentidos como passíveis de ser postos em dúvida ou modificados. A ordem estabelecida do momento os transmite como axiomas evidentes ao *establishment* da geração seguinte, a despeito das visíveis rupturas de continuidade na superfície. Quanto mais perdura a tradição, mais seus axiomas se afiguram evidentes. Por isso, é um dever premente, quando uma tradição já dura séculos, expor à luz esses axiomas jamais questionados. Convém examinar se o "mobiliário do pensamento" — tudo aquilo que é considerado uma evidência indiscutível — ainda é utilizável, ou não; e, caso não o seja, convém refletir sobre o que pode substituí-lo. Essa não é, com certeza, uma tarefa que um indivíduo possa assumir sozinho. Um indivíduo isolado não dispõe do poder que seria necessário para subtrair os instrumentos de orientação de uma sociedade à dominação dos axiomas neles alicerçados há muito tempo, nem tampouco dispõe da vastidão de saber ou da longevidade que seriam imprescindíveis para tal iniciativa. Ele pode sentir dificuldade até mesmo para elaborar e impor novos meios de orientação, capazes de suplantar os já desgastados axiomas da antiga tradição. Mas, é possível tentar.

Assim, do amplo espectro dos temas críticos que seriam pertinentes aqui, vou extrair três problemas que os leitores deste ensaio devem guardar em mente, inclusive em contextos em que eles não são expressamente mencionados. É claro que não farei mais do que assinalar esses problemas e comentá-los sucintamente, com vistas a ilustrar a passagem, a meu ver desejável, de uma orientação sistematicamente redutora dos processos para uma orientação sistematicamente "processual", pois é exatamente esse o ponto mais destacado de todo o debate.

O primeiro problema que desejo introduzir concerne a uma particularidade singular de qualquer padrão de medida utilizado para determinar posições e intervalos no interior daquilo a que chamamos "tempo". Os padrões de medida do tempo distinguem-se, sob muitos aspectos, dos relativos ao espaço. Essa diferença desempenha um grande papel nas dificuldades específicas que encontramos e continuaremos a encontrar na elaboração de normas e conceitos temporais, bem como na formulação clara de perguntas do tipo "quando?", cuja resolução depende dessas normas e conceitos. A existência dessa diferença entre os padrões de medida do tempo e do espaço não escapou aos físicos, certamente. Mas, a forte tendência à redução dos processos que domina sua tradição intelectual, seu ideal de uma decomposição dos contínuos evolutivos em "sistemas isolados", oculta com demasiada facilidade a simples essência dessa diferença e, através dela, a própria natureza do "tempo".

O segundo problema tem a ver com a já mencionada evolução mediante a qual passamos de uma forma de determinação do tempo que era pontual, descontínua e situacional para uma trama temporal contínua, de malhas cada vez mais finas, que encerram e condicionam em sua universalidade toda a extensão das atividades humanas. A rede temporal social conhecida pelos membros das nações altamente industrializadas é desse tipo. Hoje em dia, vai-se estendendo progressivamente pelo mundo inteiro, e é fácil observar as dificuldades acarretadas por sua adoção em regiões onde até hoje ainda se usavam formas mais primitivas de determinação do tempo. Tendemos a crer que os problemas sociológicos encontrados nelas, tanto empíricos quanto teóricos, mereceriam uma atenção maior. É muito fácil coligir anedotas relativas a esse problema, por menor que seja nosso interesse pelas questões levantadas pelo tempo. Recentemente, falaram-me de uma senhora originária da América do

Sul que, ao retornar de uma viagem à Alemanha, mencionou, entre suas experiências mais surpreendentes, o fato de que, neste último país, os relógios das estações ferroviárias possuíam, além dos ponteiros das horas e minutos, um terceiro que indicava os segundos.[10] Esse tipo de referência à mais recente etapa atingida no desenvolvimento da determinação do tempo pode aguçar nossa percepção da direção geral da evolução, abrindo caminho para um estudo mais completo da síntese que subjaz a todas as experiências do tempo e a todas as instituições que lhe dizem respeito.

Uma coisa é clara, pelo menos: a atividade de determinação do tempo representa uma maneira específica de ligar os acontecimentos ou de efetuar sua síntese. Hoje em dia, a síntese dos aspectos temporais dos acontecimentos costuma afigurar-se espontânea, quer a façamos derivar da experiência própria de cada um, quer a consideremos dada antes de qualquer experiência humana. Tomar consciência de que ela nada tem de espontâneo, de que os homens dos estágios anteriores não sabiam e, na verdade, não tinham meios de saber como os acontecimentos se ligam "no tempo", e de que um esforço de pensamento muito continuado e muito doloroso foi necessário para chegar ao estágio atual — o de uma síntese que engloba a longa série das sínteses de nossos ancestrais — leva-nos diretamente ao cerne do problema do tempo. Em outras palavras, a síntese de que os homens hoje são capazes representa uma etapa tardia de um processo sumamente longo. Nos estágios anteriores, mais próximos do de um hipotético grupo humano desprovido de qualquer conceito, os homens eram capazes apenas de uma síntese comparativamente estreita, como que "provincial". Por isso é que seu horizonte, inclusive o de sua cronologia, afigura-se descontínuo, quando comparado ao nosso. O segundo problema, portanto, concerne a um vasto conjunto de questões, nem todas as quais poderão ser abordadas aqui.

O terceiro problema que requer alguns comentários diz respeito à relação entre "natureza" e "sociedade". Pelo menos, esse é o ponto de partida. Hoje em dia, como dissemos, a separação existencial entre "natureza" e "sociedade" costuma ser tida como um axioma evidente. E essa clivagem, por sua vez, afeta a problemática do tempo. O tempo físico, ao que parece, seria algo distinto do tempo social, bem como do tempo vivido. Os exemplos anteriormente citados e extraídos de sociedades mais simples mostram que a determinação do tempo repousa quase sempre, nesses casos, na associação daquilo que tratamos — sob as denominações de "natural" ou "físico", de um lado, e de "social" ou "humano", de outro — como sequências de acontecimentos alheias uma à outra. Analisar a determinação do tempo sob o prisma de sua evolução social a longo prazo, bem como da direção dessa evolução, ajuda a compreender que a hipótese de um abismo existencial que separaria a "natureza" da "realidade humana", que atualmente domina muitas discussões entre os cientistas, é um axioma aceito por nossa época sem nenhuma comprovação. Convém, portanto, verificar se seu lugar não seria no museu dos saberes obsoletos.

É particularmente importante formular esta pergunta nesse contexto exato. Enquanto o axioma de um universo dividido for considerado evidente, será efetivamente impossível dominar o problema da relação entre os níveis de realidade "naturais" — termo que, no uso linguístico atual, designa sobretudo os patamares "físicos" de integração, mas que certamente se aplica também aos patamares de integração "biológicos" — e os níveis "humanos" de integração do universo, isto é, "sociais" ou "experienciais". Continuaremos prisioneiros da concepção dominante, segundo a qual o "tempo" seria coisa dos físicos, em particular dos especialistas da física teórica, enquanto o problema sociológico do "tempo" fica sem cultivo na terra de ninguém que se estende entre as ciências naturais e as ciências sociais. A tendência de cada grupo de cientistas a considerar sacrossanto o seu próprio campo, como uma espécie de fortaleza protegida dos intrusos por uma muralha de convenções e ideologias profissionais, cria obstáculos a qualquer tentativa de ligar campos científicos diferentes através de um quadro de referência teórico que lhes seja comum. É difícil, para quem se interessa pelo problema do "tempo", derrubar essas barreiras. Em outras palavras, é difícil pensar e falar de um modo que não implique tacitamente que o tempo físico, o tempo biológico e o tempo social ou experiencial existem lado a lado, sem nenhuma ligação natural. É exatamente por essa razão que é preciso examinar a clivagem particular que atravessa, em nossa tradição, a totalidade da representação simbólica do universo, e que se traduz em polaridades conceituais como "natureza e sociedade", ou "objeto e sujeito". O estudo do "tempo" é o de uma realidade humana inserida na natureza, e não de uma "natureza" e uma realidade humana separadas. Esse também é um dos temas recorrentes deste ensaio.

20

Tratarei agora, mais detidamente, do primeiro dos problemas críticos antes mencionados, o da relação entre "tempo" e "espaço". Por trás dessa própria discussão, entretanto, perfila-se uma questão mais ampla. Uma antiga tradição permitiu que aquilo que constitui o cerne de sua orientação intelectual fosse recoberto por um resíduo de ferrugem cada vez mais espesso, e que o vai corroendo. Quando se retira essa ganga, camada após camada, ressurge o que está embaixo dela. É nisso que nos empenharemos aqui.

Os conceitos de espaço e tempo fazem parte dos instrumentos de orientação primordiais de nossa tradição social. Compreender a relação entre eles torna-se mais fácil quando, mais uma vez, substituímos os substantivos pelas atividades correspondentes. "Tempo" e "espaço" são símbolos conceituais de tipos específicos de atividades sociais e institucionais. Eles possibilitam uma orientação com referência às posições, ou aos intervalos entre essas posições, ocupadas pelos acontecimentos, seja qual for sua natureza, tanto em relação uns aos outros, no interior de uma única e mesma sequência, quanto em relação a posições homólogas dentro de outra sequência, tomada como escala de medida padronizada. A percepção e a determinação de posições espaciais e temporais só se tornam possíveis como tais, portanto, num estágio da evolução social em que os homens tenham aprendido a tratar os acontecimentos e a refletir sobre eles com a ajuda de instrumentos de orientação de nível relativamente elevado de generalização e síntese. As "relações posicionais" entre eventos observáveis no espaço e no tempo são as que subsistem quando, no interior de determinada ordem de grandeza — por exemplo, a que vai dos grãos de areia às galáxias, ou das baleias aos homens e aos bacilos —, abstraímos todas as outras relações possíveis e, em seguida, unificamos ou "sintetizamos" esse resto. Ambos os conceitos representam, portanto, num nível altíssimo de abstração e síntese, relações de ordem puramente posicional entre acontecimentos observáveis.

Se os homens desenvolveram dois conceitos diferentes para as relações que se estabelecem nesse nível, isso decorre do fato de que o padrão de medida necessário para determinar relações entre posições temporais distingue-se, sob vários aspectos, daquele de que precisamos para determinar relações entre posições espaciais. As relações de posição "no espaço", como se costuma dizer, são as que se deixam determinar com a ajuda de padrões de medida imóveis e imutáveis, mesmo que, para se servirem deles na prática, os homens sejam levados a deslocar esses instrumentos e a modificar sua posição "no espaço", e portanto, também "no tempo". É somente em relação a sujeitos humanos que algumas séries de posições ligadas entre si são imóveis e, em sua qualidade de "espaciais", distinguem-se conceitualmente de outras séries que, em relação aos sujeitos humanos, encontram-se em movimento. As relações de posição no interior daquilo a que chamamos "tempo" são as que só se deixam determinar com a ajuda de padrões de medida móveis, isto é, cujas posições mudam continuamente. A separação conceitual que suscita a aparência de um "tempo" e um "espaço" assemelháveis a grandezas distintas, ou talvez até separadas, resulta, pois, simplesmente de uma tentativa que almeja distinguir dois tipos de relações puramente posicionais: as que se deixam determinar com a ajuda de padrões de medida imóveis e as que só podem ser determinadas por meio de padrões de medida móveis, que mudam continuamente de posição. Pensemos, simplesmente, no papel de cronômetro desempenhado pelo Sol em seu movimento contínuo, ou nos relógios e calendários que também representam, no plano simbólico, uma mudança perpétua de posição, embora em si não mudem de lugar. Basta compararmos essas coisas com os padrões de medida "espaciais", como as réguas e os marcos miliários, para apreender a diferença e dar um primeiro passo rumo a uma explicação.

A diferença entre essas duas espécies de padrões de medida ensina-nos algo sobre a diferença entre as tarefas práticas representadas pela determinação de relações puramente posicionais na ordem do espaço e na ordem do tempo. São essas diferenças de cunho prático que, em primeira instância, encontram-se na origem da distinção conceitual entre relações de posição "no tempo", por um lado, e "no espaço", por outro. As relações posicionais em si são totalmente inseparáveis umas das outras. Não é preciso traçarmos aqui a história da unificação conceitual do "tempo" e do "espaço", que culminou, em Minkowski e em Einstein, na noção de um *continuum* quadridimensional. O que é preciso mencionar aqui pode expressar-se numa linguagem relativamente simples. Resumidamente, toda mudança no "espaço" é uma mudança no "tempo", e toda mudança no "tempo" é uma mudança no "espaço". Não devemos deixar-nos enganar pela ideia de que seria possível ficar em repouso "no espaço" enquanto o "tempo" escoasse, pois, nesse caso, nós mesmos seríamos a entidade que avança na idade. O coração bate, nós respiramos e digerimos, as células do corpo crescem e morrem. A mudança pode operar-se em nós num ritmo lento, mas nem por isso é menos contínua "no tempo e no espaço": todos envelhecemos cada vez mais, todos fazemos parte de uma sociedade em evolução, e todos somos habitantes desta Terra que não para de se mover.

Os padrões de medida espaciais podem ser imóveis ou isentos de mudança em sua relação com os sujeitos humanos, pois são padronizados de maneira seletiva, com vistas a se aplicarem a relações entre posições que, do mesmo modo, não se modificam em relação aos sujeitos humanos que as medem. Assim, torna-se possível aplicar essas escalas de referência padronizadas às posições cuja relação mútua procuramos determinar. Um padrão de medida escolhido permite responder com bastante facilidade às perguntas referentes ao "onde?", pois o instrumento de medida que representa relações posicionais específicas, nesse caso, é tão imóvel em relação a determinados sujeitos humanos quanto os objetos a que é aplicado. Determinar relações posicionais entre eventos que se produzem sucessivamente e se inserem numa série evolutiva contínua, sem no entanto reduzi-las conceitualmente a relações entre posições estáticas, representa, em contrapartida, uma tarefa muito mais difícil. O universo em que os homens vivem e do qual constituem uma parte move-se e se modifica incessantemente. Para explicar nossa apreensão conceitual do "espaço" e do "tempo" como grandezas distintas, ou até separadas, podemos, portanto, exprimir-nos assim: o que chamamos "espaço" refere-se a relações posicionais entre acontecimentos móveis, os quais procuramos determinar mediante a abstração de seus movimentos e mudanças efetivas; o "tempo", ao contrário, refere-se a relações posicionais no interior de um *continuum* evolutivo que procuramos determinar sem abstrair seus movimentos e mudanças contínuos.

21

Por enquanto, ainda podemos facilmente dissimular as dificuldades com que iremos deparar, se não nos curvarmos às exigências de uma tradição intelectual baseada na redução seletiva das relações mutáveis e móveis a relações estáticas e imutáveis. É que uma pressão fortíssima tende a nos fazer adotar a maneira tradicional de pensar e falar em termos de conceitos reducionistas da mudança. O próprio conceito de "tempo" pode sucumbir a essa pressão conformista. Tratado, em certo sentido, como uma representação simbólica global das mudanças posicionais irreversíveis que levam de uma posição anterior a uma posição posterior, ele serve também, na física, por exemplo, para designar quantidades constantes, situadas no mesmo plano das quantidades inerentes às dimensões dos acontecimentos que se mantêm alheias à mudança, tais como a extensão ou a massa. É assim que, atualmente, ora o conceito de "tempo" refere-se a uma sequência contínua de mudanças não passíveis de repetição, ora a sequências repetíveis de mudanças que, na condição de repetíveis, são imutáveis. Todavia, nem a diferença entre essas duas espécies de "tempo" nem a relação entre elas foram claramente apresentadas, até hoje, como um problema aberto ou analisado. Também nesse caso, o uso rotineiro da noção de "tempo" oculta o problema não resolvido que se esconde por trás dele. Perceberemos melhor em que consiste isso, e portanto, também o que significa o "tempo", se, vez por outra, evitarmos utilizar o conceito de "tempo" onde o hábito tenderia a impor seu uso, e se examinarmos o tipo de problemas que os homens procuram solucionar com a ajuda dele.

Podemos ilustrar esse procedimento com um exemplo. Suponhamos que, tradicionalmente, um povo se reúna para tomar decisões de caráter político, depois de ouvir os discursos pró e contra dos porta-vozes de cada um dos campos rivais. Esse povo, por outro lado, teria imposto aos protagonistas da controvérsia a regra de se manterem a uma certa distância um do outro. Esse afastamento designa, no caso, uma relação específica entre duas posições "no espaço". É relativamente fácil determinar esse tipo de relação posicional e verificar se os dois oradores estão respeitando a regra. Podemos fazê-lo, simplesmente, atribuindo um valor padrão à distância que separa as duas posições. Um objeto assim padronizado, como um pedaço de madeira ou uma corda, por exemplo, pode exercer essa função. Agora, porém, suponhamos que a regra estipule que os dois protagonistas que se expressarem na presença da assembleia deverão dispor de um tempo de discurso que não ultrapasse uma certa duração. Como determinar, nessa situação, a distância entre duas posições, ou seja, neste caso, entre o começo e o fim de duas sequências de acontecimentos — dois discursos — que se desenrolam uma após outra? Como comparar o intervalo entre o começo e o fim de uma coisa que é constantemente animada por um certo movimento — como o discurso de um orador — com o intervalo entre o começo e o fim de outro processo contínuo, qual seja, o discurso de outro indivíduo, que se desenrola antes ou depois do primeiro? Os dois discursos, de qualquer modo, não podem ser realizados simultaneamente, sem que percam sua função de comunicações interdependentes. Assim, como garantir que um não dure mais tempo do que o outro?

Os antigos atenienses viram-se confrontados com esse problema (que não teria surgido, se tivesse sido possível resolvê-lo de imediato). Resolveram-no com a ajuda de uma ampulheta, regulada de tal maneira que o escoamento da areia indicava claramente quando um orador ultrapassava seu tempo de discurso, ou falava por mais tempo do que seu adversário. Dizemos, nesse caso, que os atenienses "mediram" o tempo concedido a cada discurso. Entretanto, desde que não ocultemos o problema de imediato, dizendo que eles mediam o "tempo", e que nos empenhemos em descobrir a natureza do que os atenienses de fato mediam, obteremos uma visão mais clara do problema que se esconde por trás da palavra "tempo"; pois, afinal, se o tempo não é um dado acessível à percepção sensível, como é possível "medi-lo"? Que fazemos, realmente, quando pretendemos estar medindo o "tempo"?

Retomemos o exemplo dos atenienses: eles comparavam o intervalo entre o começo e o fim do desenrolar de dois discursos, isto é, de dois contínuos evolutivos sucessivos e não repetíveis, com o intervalo entre o começo e o fim do escoamento da areia na ampulheta, *continuum* evolutivo repetível que, segundo nossos esquemas de pensamento, pode ser considerado como de ordem "física" ou "natural". Quando afirmamos que os atenienses mediam a "duração" dos discursos, simplesmente queremos dizer com isso que eles tornavam comparáveis os intervalos que separavam seus respectivos começos e fins, ligando-os aos intervalos que separavam o começo e o fim de processos inanimados repetíveis (diferentemente dos discursos) e, ao mesmo tempo, mais seguros e mais fáceis de controlar do que sequências de ações humanas. A determinação do tempo, como podemos perceber, era sociocêntrica do começo ao fim: utilizavam-se sequências físicas, repetíveis e de duração limitada, como um padrão de medida de sequências não repetíveis, de caráter social. A determinação do tempo, através de todas as fases antigas de seu desenvolvimento, dava à utilização dos intervalos entre duas posições no interior de um movimento físico o estatuto de um simples meio. Tinha um caráter instrumental. A localização de posições mutáveis dentro de uma sequência de eventos físicos, no céu ou na terra, não era empreendida por si mesma. Fazia-se uso dela como um indicador, destinado a informar os homens sobre o *momento* propício para a realização de certas atividades sociais e sobre a *duração* que essas atividades deviam ter.

Quando dizemos nesse contexto, hoje em dia, que a ampulheta foi para os atenienses um meio de medir o "tempo", estamos utilizando a noção de "tempo", antes de mais nada, como um símbolo cômodo que designa algo tangível, como, por exemplo, o comprimento de dois discursos sucessivos. O *continuum* evolutivo controlável e padronizado, representado pela areia que escoa, desempenha o papel de uma sequência de referência socialmente padronizada. Naturalmente, porém, podemos fazer a ampulheta desempenhar o mesmo papel em relação a muitos outros contínuos evolutivos, como, por exemplo, o percurso de uma certa distância ou o cozimento de um ovo. Ampulhetas, quadrantes solares ou relógios de quartzo, os cronômetros são instrumentos criados pelos homens com objetivos específicos. Os homens os utilizam como séries de referência, para determinar posições sucessivas no interior de processos amiúde muito diferentes, mas cada um dos quais é, em ato ou em potência, visível e tangível, a exemplo do próprio movimento dos relógios.

O que chamamos "tempo" nada mais é do que o elemento comum a essa diversidade de processos específicos que os homens procuram marcar com a ajuda de relógios ou calendários. Mas, como a noção de "tempo" pode servir para determinar, de acordo com o antes e o depois, processos muito variados, os homens têm facilmente a impressão de que o "tempo" existe independentemente de qualquer sequência de referência socialmente padronizada, ou de qualquer relação com processos específicos. "Estamos medindo o tempo", dizem eles, quando se esforçam por sincronizar, por datar alguns aspectos apresentados por processos específicos e tangíveis, em termos potenciais ou efetivos.

Esse fetichismo do "tempo" é ainda mais reforçado na percepção humana pelo fato de que sua padronização social, sua institucionalização, inscreve-se na consciência individual tão mais sólida e profundamente quanto mais a sociedade se torna complexa e diferenciada, levando todos a se perguntarem cada vez mais, incessantemente, "Que horas são?, ou "Que dia é hoje?". Não seria difícil traçar as etapas da progressão que, partindo das clepsidras, dos quadrantes solares e de outras ampulhetas, e passando pelos relógios das igrejas, levou, no correr dos séculos, aos relógios de pulso individuais, pautando-se o comportamento e a sensibilidade dos indivíduos a cada etapa, com maior precisão e naturalidade, no tempo social institucionalizado. Antigamente, as exigências sociais eram atendidas por um pregoeiro público ou por campanários que, de manhã, ao meio-dia e à tardinha, convocavam para a oração. Num estágio posterior, os relógios públicos é que passaram a indicar a hora, e depois acabaram indicando os minutos e até os segundos.

O uso de relógios com o objetivo de medir puros processos físicos só teve início com Galileu, e podemos até dizer que foi introduzido por ele. Em outras palavras, como já foi assinalado, o tempo físico representa uma ramificação relativamente tardia do tempo social. Entretanto, a reflexão especializada dos físicos e dos filósofos logo os fez perderem de vista a radicação de seu saber no torrão natal da sociedade humana em desenvolvimento. Além disso, a natureza desse desenvolvimento foi mal entendida e desvalorizada como uma "história" desprovida de estrutura, como algo de "puramente histórico". Os sociólogos, por sua vez, não se preocuparam com o "tempo", que assim permaneceu como um enigma.

22

Um dos pontos decisivos na história da mensuração do tempo foi aquele em que uma cronologia centrada no mundo físico separou-se da antiga cronologia, centrada no homem. Essa separação, contudo, não se produziu abruptamente, mas sob a forma de um longo e lento processo. O próprio Ptolomeu, cuja obra sintetiza o conjunto dos conhecimentos astronômicos elaborados pelas sociedades mais avançadas do Oriente Médio e do Mediterrâneo oriental, estabelecia uma distinção muito menos clara do que nós entre, de um lado, as regularidades e conexões dos movimentos dos corpos celestes, e de outro, sua significação como indicadores do destino humano. Ele escreveu um tratado de astrologia, paralelamente a um tratado de astronomia, e, tanto em seu espírito quanto no de seus contemporâneos, havia uma evidente complementaridade entre essas duas disciplinas. As pesquisas relativas às posições e movimentos dos corpos celestes estavam estreitamente ligadas às que se referiam à significação que esses movimentos podiam ter para os homens. "Natureza" e "humanidade", "objetos" e "sujeitos" ainda não apareciam como campos existencialmente distintos do universo.

No quadro geral de pensamento da escolástica medieval, a ideia de tal corte existencial também não se fazia presente. Na época, quando se falava de "natureza", tinha-se em mente um aspecto da criação divina hierarquizada. No interior dessa natureza, os seres humanos detinham um valor e uma posição particularmente elevados. Mas a natureza também englobava os animais, as plantas, o Sol, a Lua e as estrelas. Os corpos celestes estavam mais próximos de Deus e, por isso mesmo, não tendo máculas nem imperfeições, seus movimentos eram infalíveis e circulares. Quanto aos corpos terrestres cujos movimentos tivessem sido artificialmente perturbados pelo homem ou pelo animal, atribuía-se a eles uma tendência a retomar seu lugar "natural", o lugar de repouso que lhes fora atribuído na economia da criação divina. O recurso sistemático a um quadro de referência teocêntrico obrigou os homens a abordarem o problema da "natureza", e, com isso, o dos movimentos físicos, através dos conceitos elaborados de maneira a circunscrever as finalidades implantadas por Deus em todas as suas criaturas, e que estas tinham por missão realizar. A concepção de um universo teocêntrico levou a uma conceituação de caráter teleológico. Assim, a significação do conceito "natureza", tal como empregado por Aristóteles e pelos escolásticos medievais, era diferente da que tendeu a se impor quando o quadro de referência teocêntrico e as instituições sociais que o sustentavam perderam seu poder hegemônico.

A significação do conceito de "tempo" modificou-se da mesma maneira. O estudo das sequências físicas por elas mesmas e, em consequência disso, o desenvolvimento de uma cronologia centrada na natureza só se impuseram na época de Galileu. Embora este não tenha, em absoluto, deixado de acreditar num universo teocêntrico, ele renunciou sistematicamente à concepção da natureza implicada por essa crença, em seu estudo das trajetórias das balas de canhão ou da velocidade da queda dos "corpos pesados". Galileu parou de se referir à noção de um "lugar natural" para o qual supostamente tenderiam essas entidades inanimadas. Parou igualmente de estabelecer uma distinção entre um movimento "natural", ou pretendido por Deus, e um movimento violento, decorrente, por exemplo, da intervenção do homem, pois essa distinção levava, paralelamente, a marca de um quadro de referência teocêntrico. Em seu lugar, ele se esforçou por descobrir regularidades imanentes às ligações observáveis entre os acontecimentos, regularidades estas que, inexplicavelmente, deixavam-se apresentar com a ajuda de equações matemáticas, e que, uma vez assim apresentadas, logo adquiriram aos olhos dos homens o estatuto de leis eternas, presentes no fundamento de todas as transformações observáveis na "natureza".

Foi assim que, mais uma vez, impôs-se a busca de algo duradouro, imutável e eterno por trás do curso sempre cambiante dos acontecimentos observáveis. Pouco a pouco, as "leis da natureza" foram substituindo Deus como símbolo daquilo que permanecia sempre idêntico, fossem quais fossem as mudanças ocorridas no mundo. Então, uma nova concepção do "tempo", compreendido como um invariante quantificável e indefinidamente reprodutível das "leis da natureza", destacou-se de sua antiga concepção, relativamente unitária,[11] antropocêntrica e teocêntrica, ao mesmo tempo. Como a própria "natureza", o "tempo" foi cada vez mais matematizado. Veio inserir-se no meio de toda uma série de conceitos, tais como peso, distância, força etc., que podiam dar margem a medições isoladas, independentemente do "tempo do dia" ou do da semana, do mês ou do ano. Paulatinamente, os homens se acostumaram a dizer que mediam o "tempo" em suas investigações científicas, sem que jamais lhes ocorresse a ideia de estudar os dados observáveis a que esse conceito remetia. E no entanto, o "tempo" como tal não é visível nem tangível, donde não é observável nem mensurável. Também por essa razão, não pode dilatar-se nem se contrair.

23

A obra de Galileu ilustra vivamente a guinada ocorrida no desenvolvimento da noção de "tempo" a partir da Idade Média, assim como esclarece a emergência do novo conceito de "natureza". Não é inútil lembrar em que termos o próprio Galileu descreveu suas famosas experiências sobre a aceleração, que contribuíram para o lançamento da nova concepção, "centrada na natureza", do tempo físico. Melhor do que qualquer paráfrase, a descrição fornecida por Galileu é um testemunho dos imensos esforços que ele despendeu nessas experiências e da importância que lhes atribuía:

"Numa régua, ou, mais exatamente, numa tábua de madeira de aproximadamente doze côvados de comprimento, meio côvado de largura e três dedos de espessura, escavamos um pequeno canal de largura pouco superior a um dedo, e perfeitamente retilíneo; depois de forrá-lo com uma folha de pergaminho bem lustrada, a fim de torná-lo tão escorregadio quanto possível, deixamos rolar por ele uma esfera de bronze duríssimo, perfeitamente arredondada e polida. Então, colocando o aparelho numa posição inclinada, elevando uma de suas extremidades um ou dois côvados acima da linha do horizonte, deixamos a esfera rolar pelo canal, anotando, segundo um procedimento que exporei mais adiante, o tempo necessário para uma descida completa; a experiência foi reiniciada diversas vezes, a fim de determinar com exatidão a duração do tempo, mas sem que jamais descobríssemos uma diferença superior a um décimo de um batimento de pulso. Concluídas a instalação e essa primeira mensuração, fizemos a esfera correr por apenas um quarto do canal: o tempo medido foi sempre rigorosamente igual à metade do tempo precedente. Em seguida, variamos a experiência, comparando o tempo necessário para o percurso de toda a extensão do canal com o tempo necessário para o percurso de metade dele, ou dois terços, ou três quartos, ou qualquer outra fração; nessas experiências, repetidas uma boa centena de vezes, sempre verificamos que os espaços percorridos eram, entre si, como o quadrado dos tempos, qualquer que fosse a inclinação do plano, isto é, do canal por onde deixávamos a esfera descer ... Para medir o tempo, pegamos um grande balde d'água, que penduramos bem alto; de um pequeno orifício feito em seu fundo escoava um filete d'água, que era recolhido num pequeno recipiente durante todo o tempo em que a esfera deslizava pelo canal. As quantidades de água assim recolhidas eram pesadas a cada vez, com a ajuda de uma balança muito sensível, e as diferenças e proporções entre os pesos forneciam-nos as diferenças e proporções entre os tempos; a precisão da experiência foi tamanha que nunca surgiu nenhuma discrepância significativa entre os experimentos, muitas e muitas vezes repetidos."[12]

O dispositivo experimental de Galileu era de uma simplicidade genial. E permite apreender com muita clareza o que ele realmente media quando dizia estar medindo o "tempo". Em seu estudo do movimento das esferas deslizando sobre um plano inclinado, ele utilizou como padrão de medida o escoamento de um pequeno filete de água. Mediu-o pesando a massa d'água que atravessava sua clepsidra enquanto a esfera passava da posição de repouso A para a posição B, e comparou essa quantidade de água com a que atravessava a clepsidra enquanto a esfera corria de B para C e de C para D. Medidas com a ajuda de uma régua, e portanto, unicamente no espaço, as distâncias AB, BC e CD eram iguais. Entretanto, a quantidade de água que escoava em seu instrumento de medição do tempo, enquanto a esfera deslizava de A para B, revelou não ser idêntica à correspondente à passagem da esfera de B para C e, depois, de C para D: era decrescente. A quantidade de água escoada na clepsidra, enquanto a esfera descia por uma distância constante, era tão menor quanto mais baixo ficava o segmento de trajeto considerado; Galileu formulou essa observação, em conformidade com a função social de um relógio, em termos de "tempo". Quantidades decrescentes de água, representando os fluxos mais curtos através da clepsidra, constituíram os dados observáveis nos quais se fundamentou a afirmação de que a esfera, em sua descida, precisava de cada vez menos "tempo" para percorrer intervalos iguais. Dito de outra maneira, o termo "tempo" designava um movimento físico, o do padrão de medida do tempo. Galileu considerou como indicadores de "quantidades de tempo desiguais" as quantidades desiguais de líquido que escoavam pela abertura do relógio d'água, e que eram observadas por ele nos pratos de sua balança. Seu dispositivo experimental proporcionou-lhe, assim, a certeza de que a esfera percorria os trechos finais de sua trajetória mais depressa do que os segmentos anteriores, embora eles tivessem o mesmo comprimento, ou, em outras palavras, a certeza de que a "duração" de sua travessia dos intervalos anteriores era superior à de sua travessia dos intervalos homólogos posteriores, e portanto, que o movimento da esfera não era uniforme, mas acelerado.

Galileu nunca poderia ter determinado com certeza a aceleração de um corpo em queda livre — efetivamente representado em seus experimentos pelo movimento de uma esfera deslizando sobre um plano inclinado — se não dispusesse de um quadro de referência constituído por um movimento relativamente uniforme, ou seja, de uma escala de medição do tempo. Como podemos perceber por sua descrição, ele continuou a se servir, nessa oportunidade, de um dos meios mais simples de que os homens dispõem para determinar o tempo, ou seja, sua própria pulsação. Embora esta não seja confiável, sua estrutura é a de um movimento não acelerado, que se reproduz a intervalos iguais e bem marcados. Nem ela nem a clepsidra de que Galileu se serviu para medir as mudanças de posição sucessivamente ocorridas tinham o grau de regularidade e uniformidade com que hoje estamos habituados, quando se trata de situar fenômenos no tempo. Mas seu movimento era suficientemente uniforme para lhe permitir reconhecer com certeza que a velocidade de um corpo em queda livre, o "tempo" que ele levava para passar de uma posição para outra, *não* era uniforme. Permitiu-lhe, inclusive, determinar o índice de aceleração de um corpo em queda livre, ou melhor, em referência a seu padrão de medida, determinar quanto diminuía a "duração" de sua travessia de intervalos iguais da trajetória da queda. Graças a suas experiências, Galileu pôde testar e confirmar sua hipótese de que a distância percorrida pelos corpos em queda livre era proporcional ao quadrado do tempo decorrido: $e = k.t^2$

Mas Galileu não teve uma intuição fulgurante dessas experiências nem das relações constantes que elas estavam fadadas a confirmar. Foi levado a ela por muitos anos de reflexão e observação. No decorrer desse longo processo de descobrimento, sucedeu-lhe seguir pistas falsas e esbarrar em impasses. Mas ele não desistiu: tinha flexibilidade suficiente para tomar consciência de seus próprios erros e a coragem de partir em busca de soluções melhores. Finalmente, obteve sucesso... até certo ponto.

As gerações posteriores têm costumado interpretar o trabalho de Galileu em função de suas próprias preferências. Como é frequente acontecer com os mortos, Galileu tornou-se presa de seus intérpretes e, muitas vezes, foi citado como testemunha principal das opiniões deles: para os empiristas, afigurou-se um empirista; para os idealistas, um idealista, um platônico. Travaram-se polêmicas infindáveis para determinar se ele teria elaborado a lei da "queda dos corpos pesados", como se passou a chamá-la posteriormente, de maneira dedutiva, isto é, unicamente pela reflexão, ou de maneira indutiva, ou seja, unicamente pela observação. No entanto, tais questões são patentemente absurdas. Elas pressupõem que possamos refletir sem uma observação prévia, ou observar sem uma reflexão prévia. Nenhum processo conhecido de pesquisa e descoberta, no campo das ciências positivas empírico-teóricas, desenrola-se da maneira postulada por essas hipóteses. Apesar de antagônicas, ambas se conformam ao mesmo modelo. Ambas pressupõem a ideia de que é necessário encontrar um começo, de que a investigação tem um ponto de *partida* no pensamento ou na experiência. Os dois campos, como outros oponentes no mesmo estágio de desenvolvimento social, acham-se ligados entre si através da própria pergunta a que dão respostas contrárias. Interrogam-se sobre o ponto de partida dos progressos do conhecimento. Aspiram a uma solução de tipo estático, baseada no modelo das explicações causais na física. Mas a pesquisa é um processo. Na reconstrução desse processo, no estabelecimento de modelos de processo, a análise, a decomposição em fatores ou em causas, é um auxiliar da síntese. Não existe um começo absoluto — nada de reflexões sem observações e de observações sem reflexões.

Nem sempre se percebe com clareza que esses confrontos foram de uma época posterior. Galileu combateu numa outra frente, e é por isso que se situa de uma outra maneira. A grande controvérsia que lhe permitiu cunhar suas próprias concepções levou-o a se opor aos representantes da tradição, que haviam transformado os ensinamentos aristotélicos num corpo de doutrina abalizado, indubitável de uma vez por todas. No correr dos séculos, essas concepções haviam adquirido um estatuto quase igual ao das Sagradas Escrituras, receptáculo do saber revelado.[13] Segundo Aristóteles, a velocidade de um corpo em queda livre era proporcional a seu peso. Os esforços de Galileu visaram a refutar essa opinião e a substituí-la por um teorema mais firmemente apoiado em constatações factuais passíveis de verificação. Sua crítica não era dirigida unicamente contra a substância da doutrina aristotélica, mas também contra o fato de que os partidários de Aristóteles raramente tentavam verificar suas teorias mediante uma experimentação sistemática.

Certamente, Galileu não foi o primeiro a reconhecer o potencial de inovação que havia numa reflexão aliada a uma observação e uma experimentação sistemáticas. A sociedade florentina havia constituído um terreno propício ao "novo realismo", às tentativas inovadoras que almejassem emancipar-se da tradição estabelecida, graças à reflexão individual e a uma experimentação apoiada no recurso sistemático a técnicas de mensuração. Um exemplo disso foi a introdução da perspectiva na pintura, nas pesquisas realizadas pelo círculo de mestres como Masaccio e Uccello, e estimuladas pelas reflexões de Alberti, de caráter mais teórico. O trabalho de Galileu representou um ápice no interior dessa tradição, e é um anacronismo considerá-lo representativo do "empirismo" ou do "idealismo". Voltado contra a ortodoxia aristotélica, o "novo realismo" de sua época traduziu-se num desenvolvimento teórico de um nível de síntese que, comparado aos estágios anteriores, correspondia melhor ao real. Ainda dispomos apenas de um conhecimento fragmentado sobre o longo processo de observação e reflexão que conduziu à descoberta galileana de uma fórmula mais exata para representar a "queda dos corpos pesados"; está claro, entretanto, que problemas práticos, teóricos e empíricos deram, cada um por sua vez, sua contribuição para ela.

Um dos problemas práticos por que Galileu se interessou foi o funcionamento de armas como os canhões. O conhecimento das leis que regem uniformemente a queda dos corpos ajudou-o a analisar o movimento do projétil e a calcular a trajetória de uma bala de canhão. Quanto mais experiência acumulou sobre armas, mais ficou em condições de sugerir aperfeiçoamentos para a artilharia. Não foi por acaso, de modo algum, que ele escolheu o arsenal de Veneza como cenário para suas conferências sobre a nova ciência. Não sem uma dose de orgulho, Galileu explicou que muitos, antes dele, haviam observado que os projéteis descreviam uma trajetória curva, mas ninguém até então havia reconhecido que essa trajetória era uma parábola. Tal curva podia ser determinada e, se necessário, manipulada, com a ajuda de cálculos matemáticos muito rigorosos. Segundo Galileu, a parábola era interpretável como a combinação de um movimento dirigido para frente com um movimento dirigido para baixo. Uma vez conhecidas as leis imanentes de tais movimentos, tornava-se possível tratar dos problemas de balística utilizando métodos matemáticos.

O problema das leis que regem a queda dos corpos, ao qual Galileu dedicou seus esforços durante muitos anos, enquadrou-se nesse contexto. Era a velocidade da queda proporcional ao espaço percorrido? Ao tempo decorrido? Ao peso do corpo? Era ela uniforme, ou será que se modificava? E, em caso afirmativo, sua variação era uniforme? Foi característica da agudeza de seu espírito a maneira como Galileu soube identificar um problema teórico de alcance geral no bojo desse problema prático particular. A seu ver, a tarefa consistia, pura e simplesmente, em descobrir as relações constantes entre os diferentes aspectos do movimento dos corpos em queda livre, devendo os valores quantitativos desses aspectos ser determinados com a ajuda de diversos padrões de medida.

Quanto ao quadro de referência — teleológico, em última instância — em cujo interior seus antecessores haviam discutido o problema do movimento físico, ele o abandonou por completo, sem dúvida porque, antes de mais nada, esse quadro não era pertinente à resolução dos problemas práticos para os quais ele estava voltado. No caso de Galileu, havia uma verdadeira complementaridade entre os problemas teóricos e os técnicos. Nem eles eram separados, como muitas vezes acontece hoje em dia, nem se misturavam em disputas de prioridade para decidir qual das duas espécies de problema era a causa e qual o efeito.

Para explorar esse tipo de questões, Galileu esbarrou, como todo o mundo, em certas limitações impostas pelo desenvolvimento técnico de sua época e, em termos mais gerais, pelo desenvolvimento social. Essas limitações aparecem claramente na maneira como ele procurou determinar a velocidade — relativamente grande — atingida pelos corpos em queda livre. Ainda não se haviam inventado instrumentos de medição do tempo que indicassem os minutos e segundos, e que fossem de dimensões suficientemente reduzidas para permitir uma estimativa exata das velocidades atingidas por aquele tipo de movimentos. Não é improvável que essa tenha sido uma das razões por que Galileu verificou suas hipóteses sobre as leis da queda dos corpos de maneira indireta, servindo-se de esferas girando sobre planos inclinados. Esse estratagema permitiu-lhe reduzir a velocidade do movimento de descida e mantê-la dentro de limites compatíveis com a velocidade de deslocamento dos instrumentos de medição do tempo de que ele dispunha. Isso ilustra perfeitamente a relação de interdependência funcional que existe entre as medidas do "tempo" e as da velocidade de deslocamento. Numa mesma distância, a velocidade é tão maior quanto mais curto é o "tempo". Conhecendo-se uma, seria possível conhecer a outra.

O problema empírico levantado para Galileu consistia em obter dados experimentais fidedignos sobre a relação tempo/distância no movimento de corpos que seguissem uma inclinação descendente. O dispositivo experimental anteriormente descrito constituiu a resposta que ele deu a esse problema. Permitiu-lhe determinar, com mais exatidão do que todos os seus predecessores, a velocidade dos movimentos, ou o "tempo" que o móbil levava para percorrer uma dada distância. Com isso, Galileu pôde pôr à prova as antigas hipóteses, bem como suas próprias conjecturas sobre o movimento dos corpos em queda livre, de um modo como ninguém fizera até então. Mas, o aperfeiçoamento desse novo dispositivo experimental também lhe exigiu muito tempo; foi o resultado de um longo processo, no qual reflexão *e* experiência desempenharam cada uma o seu papel. Aparentemente, Galileu aplicou procedimentos rudimentares, talvez utilizando sua pulsação como sequência de referência, antes de desenvolver o engenhoso dispositivo que descreveu na passagem aqui citada.

Ao que saibamos, até então nunca se haviam utilizado cronômetros de fabricação humana como padrão de medida de processos físicos.[14] A clepsidra aperfeiçoada de que Galileu se serviu em suas experiências era um instrumento tradicional de medição do tempo nos assuntos humanos. Era uma escala de medida de caráter social. A medição do tempo era centrada no homem. A imaginação inovadora de Galileu levou-o a mudar a função desse antigo instrumento, utilizando-o sistematicamente como padrão de medida de processos físicos, e não mais de eventos sociais. Assim nasceu um novo conceito de "tempo", um "tempo físico" que se afastava do antigo conceito, relativamente mais unitário e centrado no homem. Esse procedimento foi concomitante a uma mudança correspondente no conceito de natureza. Aos poucos, a "natureza" tornou-se para os homens uma rede autônoma de acontecimentos, mecânica e bem-ordenada, embora desprovida de objetivo: ela obedecia a "leis". O "tempo" tornou-se uma propriedade desse sistema. Uma longa e lenta evolução havia aberto caminho para o surgimento de uma forma de medição do tempo centrada na natureza, a partir da antiga forma centrada em Deus e no homem. Examinando as experiências de Galileu, assistimos *in vivo*, por assim dizer, a esse advento.

24

Não convém superestimar a importância dessa mutação, marcada pelo surgimento do conceito de "tempo físico" a partir da matriz do "tempo social". Tal mudança foi paralela ao aparecimento de uma nova função dos instrumentos de determinação do tempo fabricados pelo homem, que serviriam cada vez mais para medir o tempo da "natureza" como tal. Essa foi uma das primeiríssimas etapas de um processo de conceituação cujos resultados estão hoje como que fossilizados e passam por evidentes. Foi um dos primeiríssimos passos a caminho da conceituação que divide o universo em dois, a qual domina cada vez mais nosso pensamento e nossa linguagem, a ponto de se afigurar um axioma universalmente aceito e que ninguém deve pôr em dúvida. Assim, de um lado haveria a "natureza", isto é, um conjunto de fenômenos representado por leis imutáveis, e de outro, os homens e seu mundo social, artificial, arbitrário e desprovido de estrutura. Portadora de suas próprias regularidades, a "natureza", objeto das pesquisas realizadas pelos homens, parece misteriosamente separada do mundo humano. Ainda não se conseguiu compreender que essa ilusão provém, precisamente, do fato de os homens, em suas reflexões e observações, haverem aprendido a tomar distância da natureza a fim de estudá-la — a se distanciar mais dela que deles mesmos. Na representação deles, o maior distanciamento e autodisciplina exigidos para explorar o sistema dos fenômenos inanimados transformaram-se na ideia de uma distância realmente existente entre eles mesmos, os sujeitos, e a "natureza" como sistema dos objetos.

A crescente dualidade da noção de tempo, cujo ponto de partida podemos encontrar ao examinar as experiências de Galileu sobre a aceleração, reflete da maneira mais impressionante o crescente dualismo existencial de nossa representação geral do universo. Nas sociedades de que se trata, esse dualismo arraigou-se a ponto de as pessoas partirem dele, como se fosse uma premissa evidente em si, para poderem classificar os acontecimentos como naturais ou sociais, objetivos ou subjetivos, físicos ou humanos. Ligado a essa divisão conceitual de alcance geral, o próprio "tempo" foi cindido em tempo físico e tempo social. Tomado no primeiro sentido, o "tempo" se apresenta como um aspecto da "natureza física", como uma das variáveis imutáveis que os físicos medem e que desempenham seu papel nas equações matemáticas, consideradas como representações simbólicas das "leis" da natureza. No segundo sentido, o "tempo" tem o caráter de uma instituição social, de uma instância reguladora dos acontecimentos sociais, de uma modalidade da experiência humana — e os relógios são parte integrante de uma ordem social que não poderia funcionar sem eles.

Em termos de sociologia da evolução cultural, essa divisão entre "tempo" físico e social parece estar estreitamente ligada ao avanço das ciências físicas.

Foi na própria medida em que estas se tornaram preponderantes que o tempo "físico" veio, cada vez mais, a passar por um protótipo do "tempo" em geral. Correspondentemente a um sistema de valores do qual voltaremos a falar, a "natureza", campo de pesquisa das ciências físicas, afigurou-se aos homens como a própria encarnação da boa ordem e, por conseguinte, como "mais real", em certo sentido, do que seu mundo social, aparentemente menos ordenado e mais exposto às contingências. Daí a diferença dos valores reconhecidos nos "tempos" físico e social, respectivamente. O "tempo físico" podia ser representado por quantidades isoláveis, passíveis de ser medidas com altíssima precisão e de figurar, juntamente com os resultados de outras mensurações, em cálculos matemáticos. Assim, a construção de teorias do tempo foi quase que exclusivamente uma tarefa de teóricos da física ou de filósofos que se faziam intérpretes deles. Em contraste, o "tempo social" permaneceu insignificante como tema de pesquisas teóricas ou, em linhas mais gerais, como objeto da investigação científica. No entanto, sua importância no convívio social dos homens não parou de crescer. Poderíamos até dizer que, por uma espécie de inversão do curso efetivo dos acontecimentos, ele se afigurou um derivado um tanto arbitrário do "tempo físico", este muito mais solidamente estruturado.

O dualismo conceitual, portanto, caminhou de mãos dadas com uma acentuada diferença de estatuto e de valor entre os dois tipos de "tempo". Por si só, a expressão "tempo da natureza", cotejada com "tempo social", já dá a impressão de que o primeiro tipo de tempo é "real", enquanto o segundo se reduziria a uma convenção arbitrária. A dificuldade está em que o "tempo" em si não entra no esquema conceitual desse dualismo. Tal como outros dados, ele se furta a qualquer classificação como "natural" ou "social", "subjetivo" ou "objetivo", pois é uma coisa e a outra. Um dos fatores fundamentais da persistência do aparente mistério do tempo é a persistência dessa divisão conceitual. O enigma continuará insolúvel, enquanto a cisão entre "natureza" e "sociedade", e portanto, também entre "tempo físico" e "tempo social", que é característica do atual estágio da evolução social, for compreendida como uma eterna cisão existencial, e enquanto, em consequência disso, o problema da relação entre os dois tipos de tempo permanecer inexplorado.

No contexto social, o "tempo" tem a mesma curiosa forma de existência de outros dados da vida coletiva, que designamos por substantivos como "sociedade", "cultura", "capital", "dinheiro" ou "linguagem", os quais remetem a uma certa realidade que, num sentido mal definido, parece existir fora dos seres humanos e independentemente deles. Se olharmos mais de perto, descobriremos que os substantivos desse tipo, dentre eles o "tempo", referem-se a dados que pressupõem uma pluralidade de indivíduos interdependentes, o que lhes proporciona uma relativa autonomia e até lhes permite, talvez, exercer uma força coercitiva sobre cada um desses indivíduos. Por isso é que os homens, em sua experiência pessoal, têm muitas vezes a ilusão de que, por serem independentes dos indivíduos, as realidades sociais dessa espécie independem dos seres humanos em geral. Nas sociedades urbanizadas, em especial, os relógios são produzidos e utilizados de um modo que faz lembrar a produção e utilização das máscaras em inúmeras sociedades pré-urbanas: sabe-se perfeitamente que elas são fabricadas pelos homens, mas nem por isso sua presença deixa de ser sentida como a manifestação de uma entidade não humana. As máscaras parecem encarnar espíritos. Do mesmo modo, os relógios parecem encarnar o "tempo". Aliás, diz-se com frequência que eles indicam o "tempo". Formularemos uma pergunta, porém: o que é, exatamente, que os relógios indicam?

Talvez compreendamos melhor as funções exercidas pelos instrumentos de medição do tempo se considerarmos mais uma vez suas marcas características. Já assinalei que eles se distinguem dos outros instrumentos de medida, como os que servem para os comprimentos ou os pesos, por exemplo, por estarem ininterruptamente em movimento. Mas sua especificidade não se reduz a isso. Devemos acrescentar que seu movimento é relativamente independente daquilo que "mede" e que, no caso, trata-se de um movimento unilinear (apesar de circular), unidirecional (apesar de repetível) e que se efetua numa velocidade uniforme, isto é, sem aceleração. A ideia de que os relógios "indicam" ou "marcam" o tempo presta-se a confusões. *Os relógios e os instrumentos de medição do tempo em geral, sejam eles de fabricação humana ou não, reduzem-se a movimentos mecânicos de um tipo particular, que os homens colocam a serviço de seus próprios fins.* Para medir o tempo, utilizou-se a passagem do Sol pelas constelações e, mais tarde, a passagem dos ponteiros de um relógio pelos símbolos inscritos num mostrador, antes de se recorrer ao oscilador de "micro-ondas" dos relógios atômicos, que indicam o "tempo" num disco movido a eletricidade. Em todos esses casos, os cronômetros têm um movimento próprio, cuja estrutura é característica de sua função. Todos percorrem em velocidade uniforme uma série contínua de posições mutáveis, de tal maneira que a duração de sua travessia de um intervalo entre duas posições sucessivas, em toda a extensão de sua trajetória, mantém-se a mesma em intervalos idênticos. É graças a essa uniformidade de sua velocidade que esses movimentos podem ser utilizados pelos homens para os mais variados fins: como padrões de medida, como instrumentos de orientação, como quadros de referência para uma multiplicidade de outras sequências de mudanças que passam de uma posição à seguinte de maneira menos regular e não repetível. Com a ajuda dos instrumentos aqui citados e de outros mais, é possível, por assim dizer, fincar marcos miliários no fluxo contínuo das outras sequências de acontecimentos nas quais não estamos em condições de comparar as respectivas durações das mudanças sucessivas de posição.

Os segundos, as horas, os dias de 24 horas, ou todas as outras subdivisões do movimento contínuo de um cronômetro, seguem regularmente umas às outras, de acordo com uma linha de sucessão unidirecional. No interior dessa ordem de sucessão, cada segundo, cada hora, cada dia é único e não repetível; eles vêm e vão para nunca mais voltar. Mas a duração de qualquer processo que se desenrole entre duas posições — porquanto socialmente padronizado como "segundo", "hora", "mês" ou "ano" — é exatamente idêntica à de qualquer outro processo padronizado da mesma maneira. Um "segundo" ou uma "hora" duram exatamente tanto quanto qualquer outro segundo ou hora, mesmo que sejam numericamente diferentes. Dado que a *duração* própria dessas unidades de tempo que se sucedem numa série não repetível se reproduz, torna-se possível fazer referência a essas unidades de tempo para comparar a duração de acontecimentos sucessivos que pertençam a outras sequências. Isso seria impossível na falta de um movimento de referência que percorresse numa escala graduada distâncias iguais em velocidade igual, e, de fato, manteve-se impossível para os homens enquanto eles não aprenderam a utilizar movimentos dotados dessas particularidades estruturais como instrumentos de medição do tempo, ou enquanto não souberam eles mesmos fabricá-los.

Ademais, fazendo variar a velocidade do movimento próprio desses instrumentos, podemos modificar a duração exigida pela passagem de uma posição para a seguinte: quanto mais alta for a velocidade, mais curta será a travessia de um intervalo de comprimento igual. E assim se torna possível, associando num único e mesmo mecanismo movimentos de velocidade diferente, fazer com que a velocidade do elemento mais rápido mantenha uma relação fixa com a de cada um dos elementos mais lentos. Em nossa linguagem reducionista, dizemos então que um dia contém 24 horas, uma hora, 60 minutos, e um minuto, 60 segundos. Quem consegue observar um relógio por um momento, sem se deixar iludir por essa conceituação socialmente padronizada e pela forma de experiência ligada a ela, reconhece com facilidade que está examinando um conjunto constituído por elementos físicos cujas velocidades de deslocamento são tais que seus respectivos tempos de travessia de um mesmo intervalo acham-se sempre numa relação de proporcionalidade definida. Portanto, se imaginarmos um relógio que comporte um indicador de data cujo mecanismo seja movido conjuntamente com o dos ponteiros do mostrador, aqueles que indicam as horas, minutos e segundos, ver-nos-emos diante de uma escolha: poderemos considerar que esses quatro indicadores designam quatro tipos interdependentes de intervalos temporais, chamados "dias", "horas", "minutos" e "segundos", ou poderemos simplesmente ver neles quatro unidades físicas distintas, cujos respectivos movimentos circulares se efetuam em velocidades ligadas entre si pela relação fixa 1 : 2 : 24 : 1440. Segundo a tradição conceitual de nossas sociedades, deciframos e interpretamos as configurações mutáveis que os ponteiros desenham no mostrador do relógio como significando "sete horas e cinco minutos", ou "dez minutos e 35 segundos" etc. Dessa maneira, as configurações móveis que servem para a determinação temporal dos acontecimentos são transformadas pelos *habitus* sociais dos espectadores em representações simbólicas de momentos puros do escoamento de um "tempo imaterial". E este, segundo a expressão consagrada, parece "seguir seu curso", independentemente de qualquer movimento físico e qualquer testemunho humano.

O enigma do "tempo", um certo manejo dessa noção que implica que o "tempo" teria existência independente, é, com certeza, um exemplo impressionante da maneira como um símbolo largamente utilizado pode, uma vez desvinculado de todos os dados observáveis, adquirir uma espécie de vida autônoma na linguagem e no pensamento dos homens. O que dissemos até aqui pode contribuir, numa certa medida, para explicar essa impressão de uma existência independente do tempo. Ela está ligada, como assinalamos, ao fato de o "tempo" — e, com ele, toda uma série de instituições sociais — ser relativamente independente de qualquer homem, isoladamente considerado, embora por certo não seja independente das sociedades humanas ou da humanidade. Essa impressão decorre ainda de um outro fato, solidário do primeiro, qual seja, o de que os instrumentos de medição do tempo, sejam eles de fabricação humana ou não, têm um movimento próprio. Trata-se de movimentos socialmente padronizados, que comportam um certo grau de independência em relação a outros movimentos e são, em termos mais gerais, transformações que ocorrem dentro ou fora da vida humana, para as quais servem de padrão de medida.

Em nossa vida social, é bem fácil observar, nesses dois níveis, a relativa autonomia do "tempo" indicado pelos relógios: sua relativa autonomia como instituição social e como dimensão de um movimento de caráter físico. Assim como uma língua só pode exercer sua função enquanto é a língua comum de todo um grupo humano, e viria a perdê-la se cada indivíduo fabricasse para si sua própria linguagem, os relógios, exatamente, só podem exercer sua função quando as configurações cambiantes formadas por seus ponteiros móveis — portanto, numa palavra, as "horas" indicadas por eles — são comuns à totalidade de um grupo humano. Eles perderiam seu papel de instrumentos de medida do tempo se cada indivíduo confeccionasse para si seu próprio "tempo". É essa uma das fontes do poder coercitivo que o "tempo" exerce sobre o indivíduo. Este é sempre obrigado a pautar seu próprio comportamento no "tempo" instituído pelo grupo a que pertence e, quanto mais se alongam e se diferenciam as cadeias de interdependência funcional que ligam os homens entre si, mais severa torna-se a ditadura dos relógios.

25

Como muitas outras utilidades sociais, a determinação do tempo só pôde atingir seu atual nível social através de uma evolução que se estendeu por séculos, numa ligação recíproca com o aumento de necessidades sociais específicas. No primeiro plano destas encontra-se a necessidade de coordenar e sincronizar o desenrolar das atividades humanas, tanto entre si quanto com o desenrolar dos processos físicos externos ao homem. Essa necessidade não é encontrada em todas as sociedades humanas. É tão mais perceptível quanto mais elas são vastas, populosas, diferenciadas e complexas. Nos primeiros grupos de caçadores, pastores e agricultores, a necessidade de uma atividade de fixação do tempo ou de uma "datação" era mínima, sendo igualmente mínimos os meios de realizá-la. Nas grandes sociedades urbanizadas em que existe o Estado, sobretudo naquelas em que as funções sociais são muito especializadas, em que as cadeias de interdependência que ligam os portadores dessas funções são longas e altamente diferenciadas, e nas quais grande parte das tarefas vitais cotidianas é executada por energias e máquinas descobertas pelo homem, a necessidade social de medir o tempo e, para esse fim, dispor de instrumentos adequados, constituídos por sinais mecânicos, torna-se irreprimível; o mesmo acontece com a consciência do tempo nos homens que vivem nessas sociedades.

Os ancestrais de todos os membros das sociedades industriais, com seus incontáveis relógios, viviam em pequenas comunidades de caçadores, pastores ou agricultores modestos, e prescindiam desses instrumentos. Portanto, é dar mostras de um egocentrismo um tanto ingênuo discutir os problemas do "tempo", hoje em dia, presumindo implicitamente que a noção e a experiência do tempo sempre tenham sido idênticas, em todos os homens, ao que são em nossas sociedades mais complexas. É isso que fazem, no entanto, em particular os filósofos, porta-vozes — muito escutados nessa matéria — da coletividade, mas que, nessa ordem de coisas, limitam-se a seguir as normas vigentes das sociedades em que vivem. Eles aceitam como moeda sonante a noção de tempo que lhes foi transmitida pela geração anterior e que é cotidianamente usada, de maneira rotineira, a seu redor. Não se perguntam como e por que a experiência do tempo pôde adquirir tamanho poder sobre os homens. Acolhem a noção e a instituição do tempo como uma coisa dada, como um componente da armadura simbólica comumente usada em sua sociedade, como um meio de orientação e de comunicação, mas não fornecem nenhuma explicação para elas. Não se perguntam qual foi a sucessão de transformações dos estilos de vida e de experiência que contribuiu para sua formação. Na perspectiva filosófica, o conceito de "tempo", ainda que associado ao de espaço, parece ter uma existência independente. Por isso é que o próprio "tempo" surte o efeito de uma realidade independente: um termo distinto, talvez reforçado por uma definição segregadora, parece remeter a uma existência distinta, em busca da qual dir-se-ia que os filósofos deveriam lançar-se.

Ao longo dos séculos, entretanto, essa foi uma busca inútil. Partiu-se à caça de algo que não existe, ou seja, do "tempo" entendido como realidade universal, uma realidade dada a todos os homens do mesmo modo e experimentada por todos da mesma maneira. Ao dirigir seu questionamento para tal "objeto", os pensadores caíram incessantemente na armadilha que eles mesmos se preparavam. Vez após outra, viram-se obrigados a escolher entre dois postulados fundamentais relativos ao "tempo", ambos igualmente especulativos e impossíveis de demonstrar. De um lado, sempre houve pessoas que admitem que o "tempo", como elemento da ordem eterna da natureza, é dado aos homens como qualquer outro objeto físico. Foi a essa postura a que aderiu Newton, em especial. Do outro lado encontravam-se os partidários de um "tempo" correspondente a uma estrutura universal da consciência humana, ou do "*Dasein*", de tal modo que os homens podiam e deviam, simultaneamente, em toda parte e sempre da mesma forma, efetuar a síntese dos acontecimentos em termos de tempo, independentemente de qualquer aprendizagem e antes de qualquer experiência de um objeto. Segundo essa hipótese, o "tempo" — quer o consideremos em si ou relacionado com o espaço — é uma maneira de ordenar os acontecimentos que se acha "inscrita" no homem, um componente de suas faculdades racionais, uma propriedade imutável da consciência ou da existência humanas.

Esses dois polos opostos da concepção do tempo coadunam-se com o postulado relativo à aquisição de conhecimentos ou do saber, que é fundamental na filosofia europeia clássica. Ora, esse postulado, compartilhado pelas mais diversas teorias filosóficas do conhecimento, pelo menos desde Descartes, não foi submetido a um exame. A pergunta comum a que os filósofos se julgam comprometidos a dar uma resposta é se e em que medida o conhecimento presente "no" espírito humano corresponde aos objetos situados "fora" dele, e que formam o chamado "mundo externo". Essa maneira de colocar os problemas, no plano epistemológico, faz lembrar o espectro de pesadelo de um abismo invisível, de uma fenda quase espacial que separaria o indivíduo humano visto como uma espécie de recipiente fechado do saber — do universo inteiro, estendido "do lado de fora". Ela tem dominado as discussões filosóficas há séculos. E já é hora de lhe dar um fim.

A hipótese dessa fenda quase espacial entre um "mundo interno" e um "mundo externo" é produto da imaginação humana, tanto individual quanto coletiva. Representa, no plano simbólico, a reificação conceitual de um tipo específico de experiência. Os homens empenhados na resolução de problemas científicos (ou, em termos mais gerais, como é de regra acontecer nas sociedades complexas, de problemas que exigem um grau relativamente elevado de comedimento emocional, um intervalo relativamente longo de reflexão entre um impulso para agir e sua concretização) devem ter em mente, cada vez mais, sua distância em relação ao objeto mesmo de sua reflexão. Ao refletir sobre o caráter específico do conhecimento científico, os filósofos reificam, sem se aperceberem disso, os atos de distanciamento praticados pelos cientistas. Esses atos transformam-se então, sub-repticiamente, numa concepção de uma distância real entre eles mesmos, como "sujeitos", e seu "objeto", representando este último um problema não resolvido, em cuja solução se empenharia o sujeito conhecedor. A experiência do distanciamento, portanto, afigura-se à reflexão filosófica como uma fenda invisível que separa o "sujeito" do "objeto", o "mundo interno" do "mundo externo". Iludidos por seu próprio uso de metáforas espaciais para descrever as funções de símbolos criados pelos homens, no contexto da resolução de certos problemas — as funções do conhecimento em ato —, os filósofos atribuem ao problema a ser solucionado, que constitui seu "objeto", uma posição no espaço que fica "fora" deles mesmos. Os dois conceitos — "sujeito" e "objeto" — que, *no interior de um mesmo e único processo cognitivo* remetem simplesmente a uma indissolúvel correlação funcional entre o homem e a natureza, ou entre o homem e ele mesmo, são travestidos pelo discurso filosófico em duas existências independentes, separadas entre si por um abismo espacial intransponível. No uso da linguagem filosófica, o mundo está "fora" e o saber, "dentro". Mas o "saber", assim como a "linguagem", pressupõe uma pluralidade de sujeitos que se comuniquem entre si, e não apenas um indivíduo isolado. A ideia de "mundo externo" não é um instrumento intelectual particularmente adequado para quem procura conceber a relação entre a linguagem social e a tomada individual da palavra, ou entre um mundo de conceitos que é comum a uma multiplicidade de sujeitos e o uso que determinada pessoa faz dele. O "objeto", na totalidade dos casos, é uma função do patrimônio de conhecimentos de que dispõe uma sociedade num dado momento.

De acordo com um paradigma comum a toda a problemática filosófica do conhecimento, o conjunto das soluções clássicas acha-se localizado num espaço compreendido entre dois polos extremos: ou os objetos "externos" projetam sua imagem em nós e o saber humano é o resultado dessa projeção, ou somos nós que projetamos nos objetos do mundo externo as formas de experiência específicas que decorrem de nossa imutável constituição intelectual "interna" (variadamente denominada "entendimento", "espírito", "consciência", "*Dasein*" etc.), com as leis e as categorias invariáveis que ela comporta. A primeira ramificação dessa alternativa conduz a um positivismo "ingênuo", e a segunda, ao nominalismo e ao solipsismo. Para os adeptos desta última escola, o mundo é intrinsecamente incognoscível, pois toda a nossa experiência desse "mundo externo" é ordenada de maneira a se ajustar às particularidades preestabelecidas do entendimento humano. Admite-se que essas particularidades são as mesmas em todos os homens — o que é absolutamente incompatível com as premissas da tese fenomênica. Segundo essa hipótese, com efeito, os "outros" homens não são menos "externos", para um dado sujeito, do que os objetos inanimados. Por isso mesmo, qualquer juízo sobre os homens que seja de caráter geral e aspire a uma validade universal torna-se propriamente impossível. É esse, fundamentalmente, o credo do solipsista: cada qual está sozinho dentro de um mundo incognoscível. Quase nem se faz necessário acrescentar que essa concepção não deixa por isso de ser apresentada — como também, aliás, a que lhe é diametralmente oposta — como um saber autêntico sobre o homem e o conhecimento humano. Uma longa série de livros, escritos com base nessas premissas, baliza o caminho da humanidade, atestando um desperdício tragicômico da vida humana. Se o mundo é incognoscível "em si", por que se dão esses autores ao trabalho de expor — amiúde com grande insistência — essa concepção? O silêncio resignado pareceria ser mais conveniente.

A polarização das opiniões relativas à natureza do tempo reflete esse mesmo esquema de pensamento. Numa das extremidades do espectro encontramos a concepção que faz do tempo uma propriedade dos "objetos", e, na extremidade oposta, a que faz dele uma propriedade de "sujeitos" conhecedores. Os adversários têm em comum a suposição de que sua própria noção do tempo, bem como a forma de experiência que lhe é solidária, são universais e compartilhadas por todos os homens, quaisquer que sejam seu nível de conhecimento e, em termos mais gerais, seu estilo de vida. Na maioria dos casos, os filósofos dispuseram de um conhecimento restrito de outras sociedades que não as suas, o que contribuiu para apequenar singularmente o campo de sua imaginação. Sua maneira pessoal de efetuar a síntese temporal dos acontecimentos pareceu-lhes ter que se impor a todos os homens. Eles não conseguiam conceber a ideia de que essa síntese tivesse que ser diferente e não pudesse ter o mesmo alcance em homens cujos patrimônios de conhecimentos e cujo contexto de vida fossem mais limitados que os deles.

26

A abordagem filosófica do problema do tempo revela-se, pois, um tanto unilateral e entravada por juízos de valor heteronômicos. Ela é unilateral em virtude de os filósofos não conseguirem libertar-se da ideia de que os homens buscariam, em toda parte e permanentemente, ordenar o fluxo dos acontecimentos com a ajuda de um conceito de "tempo" idêntico ao deles. É mais ou menos como se o conceito de "ser vivo" só fosse exposto em sua aplicação ao homem. Além disso, juízos de valor estranhos à própria coisa vêm interferir no conceito filosófico de tempo, no sentido de que o esforço de conhecimento visa ali, antes de mais nada, a determinar o tempo como um universal imutável, ele mesmo situado "além do tempo". Assim, o tempo dos filósofos demarca, ainda que de maneira inconfessa, uma construção axiológica herdada da teologia (onde tem mais sentido).

Os filósofos esforçam-se por apreender o tempo como um dado desvinculado da sucessão observável dos acontecimentos, do "rio do tempo" em si — como uma propriedade específica e imutável da natureza ou do homem. Salvo raras exceções, como Hegel ou Comte, eles sempre cederam à tentação de considerar os processos observáveis como não sendo essenciais e de reduzi-los a algo absolutamente imutável. O conceito de tempo relaciona-se, entre outras coisas, com processos não repetíveis. Um octogenário nunca mais terá quarenta anos. O ano de 1982 não voltará jamais. No entanto, a grande maioria dos filósofos não para de procurar, incansavelmente, algo de imutável e estável por trás do devir, como, por exemplo, uma consciência humana do tempo ou do espaço que seja sempre idêntica a si mesma, ou leis eternas da natureza ou da razão.

Um método de pesquisa centrado na redução dos processos — o "método científico" — tinha também, nas mãos de um Galileu, um caráter largamente instrumental. Era um meio ordenado para um fim. A fórmula matemática que traduz as regularidades apresentadas pela queda dos corpos nunca perdeu inteiramente, para Galileu, o caráter de uma regra empírica que permitia resolver problemas práticos. Ainda não era santificada sob a denominação de "lei da queda dos corpos". No correr do tempo, entretanto, o método de Galileu, inicialmente limitado à execução de tarefas especializadas, foi objeto de novas elaborações. Antes de mais nada, foi aplicado ao estudo das regularidades apresentadas pelos movimentos dos corpos celestes. Os cientistas, em sua prática, e os filósofos, em sua reflexão, conferiram-lhe cada vez mais o estatuto de um método de pesquisa eterno e exclusivo, que ora se julgava derivado de uma "racionalidade" inata do homem, ora da própria natureza de seus objetos. Tendo sido, inicialmente, um simples meio destinado a um fim — a descoberta de regularidades imutáveis, baseadas em medidas sistemáticas e exprimíveis por símbolos matemáticos de conotação eternizadora, como as "leis" da natureza ou da lógica, ou pelos resultados de operações puramente matemáticas —, acabou encarnando, durante algum tempo, a mais alta legitimidade da tradição física e filosófica e, em consequência disso, representando a finalidade mais elevada e mais prestigiosa da atividade científica.

Assim universalizada e ritualizada, a descoberta de algo de eternamente imutável, por trás de todas as mudanças ocorridas no tempo, foi tida como a mais alta recompensa da busca humana do saber, não somente no campo da física, mas também, em função do prestígio dessa ciência, em muitos outros campos de pesquisa. Que a física possa haver assim adquirido e conservado um estatuto tão elevado explica-se, em parte, pelo fato de que ela fornecia aos homens, até certo ponto, melhores instrumentos de orientação e controle, e em parte porque coincidia com um esquema axiológico tradicional, por sua vez enraizado em preocupações humanas que nada tinham a ver com a orientação ou o controle. Esse esquema não provinha da busca do conhecimento por ele mesmo, porém de algo inteiramente diferente, isto é, da nostalgia de uma permanência por trás da incessante transformação de todos os dados observáveis, da busca de uma realidade imperecível e intemporal por trás da fugacidade das coisas humanas. O alto valor conferido a esses símbolos cognitivos da permanência veio a constituir uma escala de medida heteronômica, que abrangia o valor cognitivo intrínseco e instrumental comportado pela representação simbólica de uma série de mudanças por algo de imutável.

27

Quando Galileu representava simbolicamente um movimento acelerado por uma constante de aceleração imutável, ou, em outras palavras, quando representava uma sucessão de mudanças por uma fórmula matemática imutável, a função instrumental desse método de redução dos processos ainda era, como dissemos, o elemento predominante. Desde então, a força da rotina, aliada ao fluxo incessante da doutrinação filosófica, fez com que se tornasse cada vez mais difícil perceber a conotação particular adquirida pelo conceito de "lei", quando lhe é atribuída a função metafórica de simbolizar uma ordem invisível e imutável no pano de fundo do mundo visível, às voltas com transformações contínuas, no qual os homens vivem e do qual constituem um elemento.

A adequação desse método de redução dos processos, dessa maneira de representar simbolicamente sequências de mudanças por leis imutáveis, ou por abstrações assemelháveis a leis, pode ser verificada na medida em que se trate de meios de conhecimento *de caráter puramente instrumental*. Esses próprios meios são, pois, potencialmente modificáveis e substituíveis por instrumentos de pesquisa mais bem-adaptados. O desenvolvimento da prática científica já levou, em toda uma série de campos, a uma modificação da função atribuída às leis intemporais e a outros instrumentos de conhecimento assemelháveis a leis. Sua utilização é hoje mais rigorosamente limitada, e seu estatuto cognitivo de meta suprema da pesquisa é menos garantido do que na época de Newton, por exemplo. Em numerosas ciências, inclusive em alguns ramos da física, modelos de processos, de longas sequências de mudanças que sobrevêm "no correr do tempo", passam cada vez mais para o primeiro plano: é o caso, em especial, da evolução cosmológica ou biológica, ou do desenvolvimento social. Todavia, o reconhecimento da função cognitiva exercida por tais modelos no próprio cerne das teorias científicas ainda se acha basicamente ausente na atualidade. É que esses modelos não correspondem às expectativas que as "leis" e as teorias centradas nelas parecem satisfazer. Não direcionam o esforço de conhecimento para um Imutável qualquer no pano de fundo do mundo efêmero e, sendo assim, não correspondem à esperança de descobrir, graças à ciência, alguma coisa que transcenda toda espécie de mudança, algo de intemporal e imperecível. Em vez disso, eles apontam o esforço de conhecimento para a descoberta progressiva de estruturas e regularidades imanentes à própria mudança, para a descoberta de uma ordem da mudança no interior mesmo da sucessividade. Com isso vem a se perder a função extracientífica, meio religiosa, que conferia e ainda confere a conceitos como "leis da natureza", "ordem da natureza" ou "leis da razão" um estatuto social sem termo de comparação com seu interesse gnosiológico próprio.

A razão pessoal por que a descoberta de uma realidade eterna e imutável no pano de fundo do devir possui um valor tão elevado, a nosso ver, está, creio eu, na angústia de cada um diante de sua própria precariedade, no medo da morte. Antigamente, era possível superá-lo voltando os olhos para a eternidade dos deuses. Depois, os homens procuraram precaver-se contra ele voltando-se para as leis naturais eternas, que representariam a ordem imutável da natureza. O entusiasmo especial com que, numa passagem célebre, Kant evocou as leis eternas que regem o céu estrelado acima de nós, assim como a lei moral eterna em nós, ilustra bem essa significação emocional de que se revestem certas representações que, na aparência, são puras criações "racionais" do pensamento científico ou filosófico. Outro exemplo disso é a pertinácia com que se proclama a descoberta, para além do tempo, de leis eternas ou sistemas assemelháveis a leis. E outro exemplo ainda é o alto valor gnosiológico que alguns filósofos conferem à lógica formal ou à matemática pura.

Alguns exemplos extraídos do conhecido livrinho de G.H. Hardy, *Apologia de um matemático*,[15] poderão servir para ilustrar esse ponto. Hardy tece ali o seguinte comentário, muito compreensível: "A mais nobre das ambições é a de legar algo que tenha um valor duradouro." Em seguida, ele enaltece a matemática, porque ela seria capaz de satisfazer essa ambição melhor do que a maioria dos outros campos da atividade humana: "A matemática grega é mais duradoura do que a literatura grega ... Arquimedes continuará vivo na memória depois que Ésquilo tiver sido esquecido ... a fama matemática, quando se dispõe de meios para adquiri-la, constitui um dos investimentos mais sérios e mais seguros que há." Nesse contexto, Hardy relata um sonho de Bertrand Russel, que de fato não conviria esquecer:

"Lembro-me de um sonho assustador que me foi contado por Bertrand Russel. Passava-se mais ou menos no ano de 2100. Ele se encontrava na galeria superior da biblioteca da universidade, quando viu um ajudante de bibliotecário, carregando um balde enorme, passar ao longo das estantes. O ajudante de bibliotecário tirava os livros das prateleiras, um por um, dava uma espiada em seu interior e, em seguida, repunha-os no lugar ou os jogava no balde. No fim, chegou diante de três livros grossos, nos quais Russel reconheceu o único exemplar ainda existente de seus *Principia mathematica*. O ajudante de bibliotecário tirou um dos volumes da prateleira, folheou algumas páginas, pareceu perplexo por um momento diante daqueles símbolos estranhos, e depois ficou sopesando o livro por muito tempo, com ar hesitante..."

28

Em que não se disporiam os homens a acreditar, apenas para esconder deles mesmos ou para tornar mais branda a finitude de sua vida, a perspectiva de sua própria morte! O importante estatuto da matemática em nossas sociedades certamente repousa, entre outras coisas, no fato de ela figurar entre as construções simbólicas em nome das quais, como faz Hardy, podemos elevar nossa pretensão de ter acesso a realidades eternas que sobrevivam à morte.

Se a ambição fosse mais modesta, seria possível subscrevê-la. É claro que faz sentido que um homem produza algo que preserve sua importância e sua significação para as gerações futuras. Mas Hardy sucumbe à tentação de atribuir à manifestação de símbolos relacionais de origem humana, à descoberta de sua ordem imanente, ou, em suma, a seu próprio campo de atividade, uma chance extraordinariamente alta de garantir a imortalidade de seu nome. No que concerne à imortalidade, não há, segundo ele, domínio mais promissor para investir as energias que o da matemática. E ele chega até a assegurar a seus leitores que o nome de um matemático como Arquimedes ainda será conhecido por todos os homens, depois que há muito se houver esquecido o nome de um poeta grego como Ésquilo. Em outras palavras, Hardy não hesita em postular que as futuras gerações partilharão, necessariamente, de sua própria escala de valores — que bem poderia ser representativa da sociedade —, segundo a qual as verdades eternas da matemática ocupam uma categoria mais elevada do que as frágeis produções da arte.

É claro que essas ideias lisonjeiam nosso desejo insaciável de ouvir um discurso que possa adoçar a ideia de nossa própria precariedade. Mas essa maneira de realçar o estatuto da matemática, fazendo dela a garantia de nossa permanência, assenta-se em bases frágeis. Esse fato é mascarado pela presença de uma lacuna em nosso patrimônio atual de conhecimentos. Assim como tem faltado até hoje uma teoria do tempo que dê margem a um consenso, que seja verificável e passível de ser desenvolvida, falta-nos também uma teoria da matemática como um ramo do saber que seja universalmente aceito. Ora, esse é, afinal, um campo criado pelos homens e, por isso mesmo, ligado à sociedade. O que nos falta, portanto, é uma sociologia do conhecimento aplicada à matemática, uma teoria que se revele capaz, entre outras coisas, de explicar a função dessa ciência, sua utilização possível para a resolução de problemas físicos e sua aplicabilidade aos sistemas de que se compõe a natureza.

Vamos contentar-nos, aqui, em assinalar essas lacunas do saber e em acrescentar uma ou duas palavras a propósito da direção por que poderíamos enveredar, com vistas a preencher essas lacunas. Para isso, precisamos de uma teoria dos símbolos sociais. Já fiz referência a ela, através da noção de quinta dimensão. Os homens são figuras inseridas de tal modo no espaço e no tempo que, a qualquer instante, sua posição pode ser localizada e datada. Mas isso não basta. Uma quinta coordenada deve permitir situá-los, bem como ao conjunto de sua experiência e sua atividade, na trajetória que eles descrevem através do universo simbólico que é o lugar de sua coexistência. Um evidente representante dessa coordenada é a língua, como conjunto que engloba símbolos complexos de origem humana, os quais podem diferir de uma sociedade para outra e que, ao mesmo tempo, permitem que os homens se orientem e se comuniquem. Mas os conteúdos simbólicos em si, ou aquilo a que chamamos o "sentido" das mensagens trocadas — em suma, tudo o que passa por consciência no intercâmbio entre os homens, e que é pautado nela, provém dessa dimensão, inclusive, sem dúvida, a significação atual dos conceitos de "espaço" e "tempo". Estes, como todos os símbolos de origem humana, não existem de uma vez por todas. Estão sempre em evolução, estão sempre se transformando no que são. Desenvolvem-se nesta ou naquela direção, quer se trate de um progresso da proximidade do real e da adequação ao objeto, quer de um reforço de sua capacidade de exprimir as emoções e as fantasias humanas, quer, ainda, de uma evolução no sentido de uma síntese, seja esta mais ampla ou mais estreita.

29

O desenvolvimento da norma das atividades e representações humanas no âmbito do que hoje apreendemos sob a forma do "tempo" é, por sua vez, um bom exemplo do desenvolvimento dos símbolos conforme uma síntese cada vez mais vasta. Uma expressão do tipo "quando sentimos frio" é característica do modo de determinação do tempo nas sociedades em estágio primitivo de desenvolvimento. Num estágio um pouco mais avançado, um grupo humano talvez já disponha do símbolo mais impessoal “inverno”. Hoje em dia, servimo-nos no mundo inteiro de um calendário que indica em que mês começa o inverno; e esse calendário é utilizado também pelos homens que vivem em regiões do globo onde, durante os “meses de inverno”, a temperatura continua muito amena.

É pouco provável que os homens de todos os estágios anteriores da evolução social tenham julgado necessário praticar o que hoje chamamos de “operação de determinação do tempo”. Mas, ao buscarmos os vestígios mais antigos dessas atividades, reconhecemos facilmente que, para os homens que estavam implicados nelas, tratava-se sempre de relações de caráter pessoal entre eles e uma ordem de realidade específica, visível ou tangível. Os homens vivenciavam o aparecimento do que hoje chamamos de “sol” ou de “lua nova” como sinais que lhes eram dirigidos para que praticassem uma dada ação particular, ou para que se abstivessem dela. Inversamente, o que caracteriza o conceito de “tempo” não é somente sua função de símbolo de uma síntese prodigiosamente vasta, de uma “abstração” realizada em nível altíssimo, mas também o fato de que as relações que ele representa simbolicamente nunca se estabelecem entre pessoas ou situações objetivas determinadas. Sob esse ponto de vista, o conceito de tempo faz parte da mesma categoria dos símbolos utilizados pelos matemáticos. É um símbolo puramente relacional. Não há dúvida de que representa relações de um tipo específico, como a relação entre posições no interior de duas sequências de eventos, mas os eventos assim relacionados são intercambiáveis. A identidade formal da relação é compatível com a variação do conteúdo daquilo que é relacionado.

A humanidade percorreu um longo caminho para que os homens ficassem em condições e sentissem necessidade de criar símbolos puramente relacionais. Contudo, embora essa maneira de construir símbolos pressuponha uma capacidade de exibir sínteses de alcance relativamente vasto, ou, para empregarmos uma linguagem mais conhecida, implique um alto poder de abstração, os enunciados mais elementares que podemos formular a seu respeito continuam a ser muito simples.

Se por duas vezes pusermos duas maçãs lado a lado, isso dará quatro maçãs. Na evolução da sociedade, existem estágios em que os homens possuem muitos símbolos para “quatro maçãs”, “quatro vacas” etc., mas não dispõem de símbolos como “quatro”, “cinco” ou “seis”, que não se relacionam com nenhum objeto específico e, justamente por essa razão, podem ser aplicados a uma multidão de objetos diferentes. Nisso se encontra a chave do mistério da aplicabilidade da matemática a campos de objetos tão diferentes. Dentro de todos esses campos, existem relações específicas que, por intermédio de medidas, podem ser representadas por símbolos matemáticos puramente relacionais. Os símbolos relacionais puros, no papel, por exemplo, podem ser manipulados de um modo inteiramente diferente das relações entre objetos ou pessoas específicos. Mas o resultado dessas manipulações puramente simbólicas pode ser transferido para relações entre objetos ou entre pessoas específicos. E talvez seja possível determinar experimentalmente se os resultados obtidos graças à manipulação de puros símbolos relacionais são confirmados ou não, quando de sua aplicação a relações específicas.

A operação de "determinação do tempo" consiste, como dissemos, em relacionar os sucessivos aspectos apresentados por pelo menos duas séries de acontecimentos, uma das quais é socialmente padronizada para servir de padrão de medida das posições ou intervalos no interior da sucessão de acontecimentos que as outras séries comportam. Uma posição no interior de uma sequência de unidades temporais socialmente padronizadas, uma vez simbolicamente designada pela expressão "doze horas e trinta minutos", poderá servir de ponto de referência para toda uma variedade de atividades e eventos de caráter específico. Tanto poderá referir-se à partida de um trem quanto ao começo de um eclipse solar, ou ao término de uma hora de aula.

O pouco que se pôde dizer aqui sobre os símbolos puramente relacionais talvez já permita compreender que os símbolos que pressupõem uma síntese de tamanha amplitude são representativos de um estágio relativamente avançado na evolução dos símbolos humanos e das instituições sociais correspondentes. Seria necessária, aqui, uma teoria do desenvolvimento dos símbolos humanos, a fim de melhor dominar esse tipo de problema. Enquanto não se preencher essa lacuna de nosso atual patrimônio de conhecimentos, toda uma série de problemas, em particular o do tempo, continuará insolúvel.

Li, certa vez, a história de um grupo de pessoas que subia cada vez mais alto pelo interior de uma torre desconhecida e muito elevada. Os da primeira geração chegaram até o quinto andar, os da segunda, até o sétimo, os da terceira, até o décimo. No correr do tempo, seus descendentes atingiram o centésimo andar. Foi então que a escada desmoronou. As pessoas se instalaram no centésimo andar. Com o passar do tempo, esqueceram-se de que um dia seus ancestrais haviam habitado os andares inferiores, e também a maneira como elas mesmas haviam chegado ao centésimo andar. Passaram a considerar o mundo, bem como a si mesmas, a partir da perspectiva do centésimo andar, ignorando como os seres humanos haviam chegado ali. Chegavam até a acreditar que as representações que forjavam para si a partir da perspectiva de seu andar eram compartilhadas pela totalidade dos homens.

Os vãos esforços empreendidos para resolver um problema como o do tempo, que no fundo é em si tão simples, constituem um bom exemplo das consequências do esquecimento do passado histórico. É lembrando dele que descobrimos a nós mesmos.

30

Todos os componentes da população de um dos Estados nacionais altamente diferenciados e industrializados de nossa época têm ancestrais que, num dado momento do passado, constituíram grupos tribais, ou, talvez, aldeias cujo nível de desenvolvimento era equiparável ao representado hoje, por exemplo, pelas tribos indígenas da Amazônia. Tal como estas, os membros dos Estados nacionais, na medida em que suas respectivas pátrias, apesar de suas diferenças, encarnam um único e mesmo estágio de desenvolvimento social, têm certos traços em comum. Um destes é um tipo específico de experiência do tempo. É frequente os membros das nações industrializadas sentirem uma necessidade quase irresistível de saber que horas são, pelo menos aproximadamente. Essa necessidade, essa consciência onipresente do tempo, é tão premente, que a maioria dos que vivem nessas sociedades quase não consegue, ou não consegue em absoluto, imaginar que sua própria percepção do tempo não seja compartilhada por toda parte. Essa consciência do tempo parece tão profundamente arraigada neles, constitui a tal ponto um atributo de sua personalidade, que lhes é extremamente difícil ver nela o resultado de experiências de caráter social. Muitas vezes, os membros dessas sociedades tendem a só considerar como sua realidade própria aquilo que lhes parece constituir um dom da natureza, ou talvez dos deuses. O que é socialmente adquirido, seu *habitus* social, tem para eles o efeito, comparado a sua verdadeira natureza, de algo de acidental, de uma fachada que seria fácil descartar.

O caráter imperativo da consciência do tempo, tal como o experimentam, em regra geral, os membros das sociedades mais altamente diferenciadas, pode contribuir para retificar esse tipo de opiniões. Essa maneira de vivenciar o tempo faz parte do que os homens dessas sociedades sentem como sendo seu eu. Mesmo que às vezes lhes suceda detestar a voz interior que, nas palavras de W.H. Austen, "tosse quando queremos beijar", eles não conseguem livrar-se dela. Essa voz faz parte daquelas imposições ligadas à civilização que, embora não tenham raízes na natureza humana, são possibilitadas por ela. E tais imposições constituem um componente do que se costuma qualificar de "segunda natureza", uma parte do *habitus* social que é característico de toda individualidade humana.

O que talvez ainda não esteja muito claro, posto que ainda não faz parte do saber comum de nossa época, é que, com frequência, certas diferenças nos *habitus* sociais próprios dos membros das diversas sociedades dificultam sua compreensão mútua, chegando até a provocar bloqueios. Esses bloqueios, particularmente importantes, são esperáveis quando se estabelece um contato entre sociedades que pertencem a estágios diferentes de evolução social.

Atualmente, tais dificuldades ou impasses na compreensão mútua afiguram-se ainda mais insuperáveis do que de fato são, por procurarmos diagnosticá-los com a ajuda de uma terminologia inexata e ambígua. Desde que se abandonou a expressão "diferenças raciais", fala-se às vezes em "diferenças étnicas", com isso evitando a questão de saber se as diferenças de que se trata são geneticamente condicionadas, ou se resultam, antes, de aquisições sociais. As diferenças na percepção do tempo, de uma sociedade para outra, assim como outros aspectos dos processos de civilização, permitem responder sem ambiguidade. Essas diferenças são, sem dúvida alguma, socialmente adquiridas. São características de diferenças no *habitus* social e, portanto, na estrutura de personalidade dos homens pertencentes a essas diversas sociedades. São mais acentuadas quando essas sociedades representam etapas diferentes da evolução social. Sendo sociais, elas podem evoluir, se necessário, ainda que em ritmo muito lento. Muitas vezes, para perceber essa evolução, é preciso um modelo que inclua três gerações.

Um episódio relatado por Edward T. Hall, e que remonta à década de 1930, ilustra vivamente a diferença entre a percepção de tempo dos norte-americanos e a dos índios pueblos.[16] Hall faz referência ao grande rigor demonstrado pelos norte-americanos em tudo o que diz respeito ao tempo. Assim, um comportamento menos rigoroso em matéria de tempo pode facilmente passar por insultuoso ou irresponsável. Há casos extremos, comenta ele, de homens literalmente obcecados com o tempo, e que têm a preocupação constante de não "desperdiçar tempo algum", de ser "pontuais" em tudo. O choque entre a percepção do tempo dos norte-americanos e a dos índios pueblos manifestou-se por ocasião de uma dança natalina executada por estes últimos e à qual os primeiros assistiam. Os índios viviam numa região montanhosa próxima do Rio Grande.

A 2.300 metros de altitude, escreveu Hall, por volta de uma hora da manhã, o frio glacial do inverno é quase impossível de suportar. Tiritando na escuridão silenciosa do pueblo, eu procurava algum sinal que indicasse que a dança ia começar.

Lá fora reinava uma calma impenetrável. De tempos em tempos, ouvia-se o som grave e surdo de um tambor pueblo, ou de uma porta que se abria, ou então se divisava um raio de luz que rompia a madrugada. Na igreja onde deveria acontecer a dança, alguns cidadãos brancos andavam de um lado para outro, apressados, à procura de alguma indicação que lhes permitisse avaliar por quanto tempo ainda teriam que sofrer. "No ano passado, parece que eles começaram às dez horas"; "Eles não podem começar antes da chegada do padre"; "É impossível prever a que horas vão começar", diziam eles, batendo os dentes e também os pés, para ajudar a circulação.

De repente, um índio abriu a porta, entrou e avivou o fogo da estufa. Cada um cutucou seu vizinho: "Pode ser que agora eles comecem." Passou-se mais uma hora. Apareceu outro índio, atravessou a nave e desapareceu por outra porta. "Com certeza eles vão começar agora; afinal, são quase duas horas." Alguém comentou que eles estavam apenas se fazendo de emburrados, na esperança de que os brancos acabassem indo embora. Um outro tinha um amigo no povoado e foi à casa dele indagar sobre a hora em que começaria a dança. Ninguém sabia dizer. Súbito, quando os brancos estavam quase no limite de suas forças, a madrugada foi invadida pelos sons graves dos tambores e matracas e pelo timbre baixo das vozes dos cantores. Sem aviso prévio, a dança havia começado.

Para os índios pueblos, essa dança, quaisquer que pudessem ser suas outras funções, sempre tinha também uma função ritual. Segundo a tradição, era vivida como uma comunicação — ou, quem sabe, uma identificação — com os ancestrais, ou, pelo menos, com o mundo dos espíritos. Os participantes começavam a dançar quando se encontravam num clima afetivo propício. Seu estilo de vida tradicional, na medida em que comportava alguma disciplina relativa ao tempo, só fazia com que as exigências deste fossem sentidas em raras ocasiões, em particular na produção dos meios de subsistência. Mas essa disciplina lhes era imposta através de coerções tangíveis, como a pressão da fome, atual ou antecipada. O que eles tinham que fazer não lhes era imposto pela voz do tempo, ressoando no interior de sua consciência individual. Não há dúvida de que a significação ritual da dança esmaeceu-se progressivamente, enquanto sua significação financeira foi aumentando, em alguns casos. A dança em si não desapareceu, mas viu seu caráter alterar-se e ganhou a forma de um espetáculo. Ora, essa transformação da tradição exigia uma reformulação da estrutura de personalidade e representava um processo difícil, que implicava pelo menos três gerações e que, muitas vezes, era doloroso. Um exemplo talvez nos ajude a apreender isso.

Um inspetor das escolas de uma reserva de índios sioux conversou com Hall sobre as dificuldades de adaptação dos grupos tribais. Ele próprio era um mestiço que passara a infância na reserva. Depois disso, parecia haver recebido uma educação norte-americana normal, estudara numa universidade norte-americana e obtivera seu diploma. Na época em que se tornou inspetor escolar de uma reserva dos sioux, já possuía, o que é muito compreensível, uma consciência do tempo de estilo norte-americano, e não conseguia entender por que seus protegidos, os sioux, não tinham a mesma disciplina que ele em matéria de tempo.

"Que acharia o senhor", perguntou ele, "de um povo que não dispõe de nenhuma palavra para expressar 'tempo'? Minha gente não tem nenhuma palavra que signifique 'atrasado' ou 'esperar'. Eles não sabem o que é esperar ou chegar atrasado." E prosseguiu: "Cheguei à conclusão de que eles nunca se adaptarão à cultura dos brancos, enquanto desconhecerem o que significa o tempo e não souberem dizer as horas. Por isso é que resolvi lhes ensinar o que é tempo. Não havia nenhum relógio que funcionasse nas salas de aula da reserva. Assim, comecei comprando alguns relógios em bom estado de funcionamento. Depois, providenciei para que os ônibus escolares saíssem pontualmente no horário e, quando um índio aparecia com dois minutos de atraso, pior para ele. O ônibus saía às 8:42 hs., e tinha que estar no horário."[17]

Uma criança que cresça numa dessas sociedades nacionais do século XX, industrializadas e submetidas a uma regulação temporal muito intensa, requer sete a nove anos para "aprender a dizer as horas", isto é, para saber ler e interpretar o complexo sistema simbólico dos relógios e do calendário, além de adaptar a ele sua sensibilidade e seu comportamento. Os membros dessas sociedades, depois de passarem por esse processo de aprendizagem, parecem esquecer que precisaram aprender o "tempo". A regulação direta ou indireta dos dias e das noites, por meio de sinais de valor temporal que se leem neste ou naquele dos dispositivos técnicos destinados a essa função, é para eles uma evidência que está inteiramente fora de dúvida. As instâncias de autocontrole de uma pessoa às quais se dá o nome de "razão" ou "consciência", ou que recebem qualquer outro nome, constituem-se como uma consequência disso. São poderosamente reforçadas por imposições sociais que funcionam no mesmo sentido. Nas sociedades que se encontram nesse estágio, todas as relações humanas ficariam gravemente perturbadas e, em última instância, não poderiam manter-se, se as pessoas parassem de pautar seu comportamento num horário coletivo.

Certos traços estruturais de nossa personalidade, inevitáveis e compulsivos — e que, além disso, compartilhamos com a maioria de nossos conhecidos —, são frequentemente sentidos e conceituados, em consonância com os cânones vigentes do saber, como qualidades naturais, atributos inatos. É por isso que, em sua maioria, as pessoas criadas em tais sociedades altamente disciplinadas em matéria de tempo reagem como o inspetor escolar da reserva dos sioux, ao se confrontarem com pessoas que não são dotadas de uma consciência e uma disciplina equiparáveis às suas em matéria de tempo. Elas custam a crer que existam homens que desconhecem essa mesma disciplina, e que talvez nem disponham de uma palavra para expressar o "tempo".

Os membros dessas sociedades mais tardias, tão exigentes em tudo o que diz respeito ao tempo, são incapazes não apenas de compreender os membros de sociedades mais antigas, com necessidades mais modestas em matéria de cronologia, como também de compreender a si mesmos. Para situar e explicar um atributo tão coercitivo e inultrapassável de sua personalidade, eles dispõem apenas de um único e grande instrumento conceitual, qual seja, a representação de uma característica não aprendida da natureza humana, talvez sob a forma disfarçada de uma síntese conceitual que se dá antes de qualquer experiência. É difícil não perceber que a operação de determinação do tempo é algo que tem que ser aprendido. No entanto, uma vez adquirida, essa consciência onipresente do tempo é tão coercitiva, que se afigura uma predisposição natural àqueles a quem concerne. Ainda não se reconheceu claramente até hoje, ou, pelo menos, não em caráter geral, que uma estruturação aprendida — isto é, socialmente adquirida — das faculdades humanas pode revelar-se tão compulsiva e insuperável quanto o patrimônio genético de um indivíduo. A maneira como os homens vivem o tempo nas sociedades rigorosamente disciplinadas em matéria temporal constitui um exemplo, dentre muitos outros, de estruturas de personalidade que, por mais que sejam adquiridas, nem por isso são menos coercitivas do que as peculiaridades biológicas. Assim se explicam o caráter de evidência de que se reveste a expectativa que essas pessoas têm de ver sua própria consciência do tempo partilhada por todos os homens, bem como suas frequentes reações de incredulidade ou surpresa quando elas deparam, quer diretamente, quer através de um narrador, com homens que pertencem a outras sociedades e obedecem a outras normas relativas ao tempo.

31

Nesse contexto, não há como evitarmos evocar o estado atual da psicologia como ciência. Sentimo-nos tentados a achar que ela deveria ajudar a explicar as diferenças constatadas, de uma sociedade para outra, na maneira de as pessoas vivenciarem o tempo e se submeterem a sua disciplina. No entanto, tal como atualmente ensinada nas instituições acadêmicas, a psicologia não é de grande utilidade para isso. Tal lacuna se explica por várias razões. Muitas das escolas dominantes na psicologia acadêmica parecem ter em comum a convicção de que é possível traçar uma linha divisória muito clara entre a psicologia propriamente dita e a psicologia social. Essa distinção repousa numa hipótese que tem, muitas vezes, o caráter e a força de um axioma aparentemente evidente por si só, e que desempenha um papel decisivo na orientação e na metodologia de toda uma série de ciências humanas. Essa hipótese estipula que a pesquisa científica referente aos indivíduos e a referente às sociedades podem ser conduzidas independentemente, como se fossem compartimentos isolados.

A separação institucional entre a psicologia e a psicologia social é um exemplo disso. Ela só se justifica enquanto se adere à crença tradicional em que alguns aspectos de nossa organização psíquica seriam puramente "individuais" — e independentes do fato de que a pessoa humana cresce e, normalmente, vive entre outras pessoas —, ao passo que outros, ao contrário, seriam puramente "sociais" e, nessa condição, separáveis dos aspectos "individuais". Dados alheios a essa questão, em particular valores e ideais políticos, contribuem de maneira decisiva para sustentar uma imagem patentemente errônea, que é a de uma separação quase ontológica entre o "indivíduo" e a "sociedade". Para persistir nesse desconhecimento tradicional, é preciso fecharmos os olhos para o fato manifesto de que, para se humanizar por completo, a criança precisa aprender a linguagem social de outros seres humanos, que lhe proporciona uma multiplicidade de conhecimentos específicos de seu grupo, e que lhe permite, em suma, comunicar-se com outros homens, ativa e passivamente. A língua que a criança assimila, juntamente com outras experiências, é uma das primeiras camadas sociais que se constituem no interior da estrutura de personalidade do indivíduo. As características individuais do que o diferencia dos outros homens não se desenvolvem de maneira independente e distinta dessas particularidades sociais. Seu modo específico de falar, ou até de escrever, não surge isoladamente, mas se desenvolve como uma modulação original das formas de expressão oral e escrita de uma dada sociedade. Em outras palavras, um *habitus* social faz parte da estrutura de personalidade originária de todo indivíduo humano.

A divisão institucional entre psicologia individual e psicologia social impede que se perceba que é impossível separar, numa mesma pessoa humana, as estruturas de personalidade sociais e comuns, por um lado, e as individuais e singulares, por outro. Ela levou os psicólogos a quererem apresentar sua disciplina como uma ciência natural, adotando métodos de pesquisa correspondentes. Daí resulta uma situação meio estranha: a psicologia individual seria, ao que parece, uma ciência natural, e a psicologia social, uma ciência social.

Na realidade, tal separação é insustentável. Cada pessoa que os psicólogos do indivíduo submetem a seus testes desenvolveu desde a primeira infância, de maneira personalizada, aquilo que aprendeu com os outros, aquilo que tem em comum com os outros, aquilo de que tem uma experiência em suas relações com os outros. É desse modo que uma herança social comum — constituída, antes de mais nada, de símbolos sociais, verbais ou de outra ordem — imprime na pessoa individual uma marca única, conferindo-lhe uma individualidade mais ou menos diferente da de todos os outros membros da mesma sociedade. Ora, embora as camadas psíquicas que compõem uma pessoa — o comportamento e a afetividade, a consciência moral e as pulsões etc. — sejam sempre estruturadas pela aprendizagem e, com isso, apresentem simultaneamente particularidades de caráter natural e social, toda uma série de psicólogos da individualidade conduz suas pesquisas como se as pessoas a quem essas pesquisas dizem respeito fossem puros objetos naturais, não afetados pela linguagem ou por nenhuma outra forma de estruturação social. Um fisiologista que estude as funções fisiológicas do homem, a partir de determinada amostra humana, tem boas probabilidades de descobrir dados constantes da natureza humana, comuns a todos os homens e independentes do estágio de desenvolvimento da sociedade a que cada um deles pertence. Entretanto, quando os psicólogos procedem a levantamentos do mesmo tipo, seus resultados são suspeitos e, provavelmente, desprovidos de validade. As camadas psíquicas da personalidade humana, com efeito, não são unicamente determinadas por predisposições naturais, ou, em outras palavras, características da espécie humana como tal; elas são, ao mesmo tempo, socialmente determinadas e, por essa razão, específicas de um grupo. É significativo que os termos técnicos que servem para designar as dimensões sociais da pessoa individual não sejam de emprego corrente nas línguas de nossa época, muito embora o reconhecimento da psicologia como ciência social não date de ontem. De minha parte, tenho plena consciência disso.

Os exemplos anteriormente citados podem dar uma intuição, tornando-o acessível à experiência direta de cada um, daquilo que temos em vista ao falar do *habitus social* ou da *estrutura de personalidade social* das pessoas individuais. A quase implacável autodisciplina que caracteriza os que cresceram em sociedades com exigências elevadas em matéria de tempo representa um aspecto desse *habitus* social dos indivíduos. Seria fácil ampliar essa colocação, mostrando que a experiência de passado, presente e futuro se modifica em função dos diferentes níveis atingidos na evolução das sociedades. Assim como as cadeias de interdependência são relativamente curtas nas sociedades pré-nacionais, a percepção do passado e do futuro, como separados do presente, é menos desenvolvida nos membros dessas sociedades. Para eles, o presente imediato, o aqui e agora, perfila-se com maior nitidez do que o passado, de um lado, e o futuro, de outro; também sua atividade é mais centrada no presente das necessidades e pulsões. Em contrapartida, nas sociedades mais tardiamente surgidas, passado, presente e futuro distinguem-se de maneira mais rigorosa. A necessidade e a capacidade de imaginar de antemão — e portanto, de levar em conta — um futuro relativamente distante exercem uma influência cada vez maior no conjunto das atividades realizadas aqui e agora.

32

Embora as diferenças de ordem social na maneira de sentir e medir o tempo constituam o principal centro de interesse deste estudo, esforcei-me por não dar a impressão de que as formas de experiência do tempo possam ser estudadas isoladamente, como aspectos de nossos *habitus* sociais. Já chamei a atenção para alguns outros aspectos desses *habitus* que podem servir de critérios dos diferentes estágios da evolução social, como, por exemplo, as diferenças no nível de síntese conceitual ou no grau de autonomia relativa dos enclaves sociais dentro do universo físico. O fato de a consciência do futuro revestir-se de um caráter específico, em função do nível de evolução atingido, atesta, mais uma vez, a estreita relação existente entre experiência do tempo e civilização.

Uma maneira de agir mais orientada para as necessidades imediatas do que para o futuro exige uma autodisciplina menos rigorosa e menos uniforme. Uma maneira de agir e fazer planos para o futuro, talvez até para um futuro razoavelmente distante, exige a capacidade de subordinar a satisfação das necessidades presentes às satisfações esperadas no futuro. Quem cresceu em sociedades em que as normas da sensibilidade, do pensamento e do comportamento são inspiradas na representação do futuro pode considerar evidente o modelo correspondente de autodisciplina. Talvez nem tenha uma consciência clara do fato de que esse modelo de autodisciplina — que comporta, em especial, uma regulação muito intensa em matéria de tempo —, a exemplo de outras capacidades sociais, só se desenvolveu muito lentamente ao longo dos séculos, e só atingiu sua forma atual ligando-se ao surgimento de exigências sociais específicas.

Algumas dessas exigências já foram citadas. Cada ser humano teve que adaptar o conjunto de suas atividades à presença de um número crescente de semelhantes, inclusive as atividades de se levantar e se deitar, num horário determinado com um rigor cada vez maior. Foi-lhe necessário considerar, cada vez com mais precisão, em que momento do futuro ele desejava ou deveria fazer isto ou aquilo. Assim, a autodisciplina aumentou, simultaneamente, nos planos "social" e "individual". Essa evolução — que desembocou no modelo contemporâneo, altamente diferenciado — foi feita ligando-se a transformações da estrutura das sociedades humanas, ou, dito com outras palavras, ligando-se a transformações das configurações que os homens desenham entre si. Um enorme crescimento da população mundial, certamente descontínuo, mas associado, aqui e ali, a avanços igualmente espetaculares na especialização profissional e na integração organizacional, ampliou, como indiquei noutro texto,[18] as possibilidades de relacionamento entre os homens. As cadeias de interdependência entre eles não apenas se alongaram, como também se diferenciaram. A rede de suas intricações tornou-se mais complexa, e a necessidade de uma determinação temporal exata da totalidade das relações fez-se cada vez mais premente, a ponto de se afigurar o meio indispensável da regulação delas. Essa consciência sumamente elaborada e implacável do tempo, própria dos membros das sociedades mais diferenciadas e mais complexas, e que constitui um componente de seu *habitus* social, não é mais surpreendente, portanto, do que a capacidade que tinham os membros dos grupos de caçadores organizados em clãs de fazer uma ideia exata de sua presa, a partir de algumas pegadas deixadas no chão.

A estrutura da personalidade desenvolve-se por direções diferentes, que correspondem às diferenças de estrutura e, portanto, de grau de evolução das sociedades em cujo seio os indivíduos crescem. Nas sociedades relativamente pequenas e indiferenciadas, onde as necessidades em matéria de determinação do tempo são apenas pontuais e intermitentes, seus mecanismos de autodeterminação e autodisciplina desenvolvem-se como consequência disso. Nas sociedades industrializadas, intensamente diferenciadas e populosas — nas quais a regulação temporal reveste-se, inevitavelmente, de um aspecto diferenciado e contínuo —, a autorregulação e os *habitus* sociais, de maneira geral, desenvolvem-se conforme as particularidades estruturais dessas sociedades. Novamente, aqui se deixam observar correlações entre, por um lado, o desenvolvimento da determinação do tempo como capacidade social e instância reguladora da sensibilidade e do comportamento humano, e, por outro, o desenvolvimento das imposições ligadas à civilização. Esse conjunto de relações pode contribuir para esclarecer um aspecto essencial, já evocado e amiúde mal entendido, dos processos de civilização.

Esses processos não conhecem nenhum instante zero no qual os homens, ainda totalmente incivilizados, comecem a se civilizar. Todo homem tem a capacidade de impor restrições a si mesmo. Nenhum grupo humano poderia funcionar ao longo de qualquer período, se seus membros adultos não conseguissem inculcar modelos de autorregulação e autodisciplina nos pequeninos seres selvagens e totalmente indisciplinados que são os seres humanos em seu nascimento. O que se modifica no curso de um processo civilizador são os modelos sociais de autodisciplina e a maneira de inculcá-los no indivíduo, sob a forma do que hoje chamamos de "consciência moral" ou, talvez, "razão". Nas antigas sociedades, relativamente pequenas, autárquicas e indiferenciadas, as normas sociais próprias de um grupo podiam exigir mecanismos de autodisciplina convocados a funcionar em ocasiões específicas. Comparadas aos critérios em uso nas sociedades mais avançadas, elas podiam ser até mesmo formas extremamente rigorosas de autodisciplina.

Assim é que os ritos de iniciação incluem, por vezes, experiências particularmente aterradoras, que têm como consequência uma submissão duradoura a certos tabus, ou o temor de infringir as regras num domínio preciso. Ao mesmo tempo, entretanto, noutras ocasiões, fica livre o caminho para atividades carregadas de afeto, para a expressão desenfreada de paixões a que os homens dos estágios posteriores já não têm acesso no mesmo grau de força e intensidade, sendo essas ocasiões tão determinadas e enquadradas por prescrições de caráter social quanto aquelas em que se manifesta uma autodisciplina rigorosa. Nas próprias sociedades medievais — que eram, no entanto, em termos de desenvolvimento, muito mais diferenciadas e complexas do que as sociedades dos clãs —, os contrastes e oscilações dos modelos reguladores das normas sociais representavam um aspecto constante e fundamental da existência humana. Orgias selvagens podiam ser sucedidas por comportamentos de penitência e mortificação. O carnaval era seguido pela quaresma. Às vezes, em certas ordens monásticas, formas extremas de ascese coexistiam com um abandono desenfreado aos prazeres da vida. De maneira geral, poder-se-ia dizer que, nos estágios iniciais de um processo de civilização, a consciência moral em formação é uma questão de situações particulares: extremamente vigorosa e severa sob alguns aspectos ou em certas ocasiões, extremamente tênue e indulgente sob outros aspectos. Nos estágios mais tardios, ao contrário, o modelo vigente de autodisciplina tende para uma regulação do comportamento que é simultaneamente comedida e constante, quase que em todas as ocasiões. O modo de regulação dessas sociedades, em matéria de tempo, é igualmente representativo de seu modelo de civilização. Também não tem nada de pontual e circunstancial: abrange toda a existência humana, não admite nenhuma oscilação, apresenta-se por toda parte como algo uniforme, e ninguém pode furtar-se a ele.

É difícil escapar da tendência às distorções simplificadoras. Nesse campo, devemos defender-nos, em particular, do preconceito tenaz de que os estágios de um processo de civilização se deixariam determinar com mais facilidade em termos puramente quantitativos, propensão esta que é reforçada por uma certa inadequação de nosso equipamento conceitual.

Se, para descrever um processo civilizador, quisermos evitar o recurso a polaridades estáticas, do tipo "civilizado" e "incivilizado", deveremos utilizar expressões como "mais" ou "menos civilizado", que permitem imaginar que a autodisciplina seria um dado quantitativo, passível de aumentar ou diminuir. Seguindo essa linha, podemos ser levados a supor que, nos estágios iniciais da evolução social, as comunidades humanas viviam com modelos sociais e individuais de autodisciplina e autorregulação que eram, se não inexistentes, ao menos quantitativamente modestos. Com isso, podemos imaginar que o nível de autodisciplina é, por assim dizer, a única coisa que se modifica ao longo do processo civilizador.

O que vimos dizendo aqui sobre a evolução da determinação do tempo talvez ajude a compreender melhor as dimensões não quantitativas das transformações características de um processo civilizador. Nesse ponto, mais uma vez, o pensamento é entravado pelas insuficiências de nossas linguagens atuais. Se digo "não quantitativas", alguns leitores suporão, automaticamente, que estou pensando nas dimensões qualitativas dessas transformações. Provavelmente, foi a forte influência exercida nessas linguagens pela física e pela filosofia que nos habituou a crer que as transformações qualitativas constituem a única alternativa possível às transformações quantitativas. Mas, em se tratando da realidade humana, o termo "transformações qualitativas" é sumamente vago. O que se modifica *de facto*, ao longo de um processo de civilização, não é simplesmente a qualidade dos indivíduos, mas a estrutura de sua personalidade. Trata-se, para nos limitarmos a dois desses aspectos, de um equilíbrio entre, de um lado, as pulsões naturais, elementares, que habitam uma pessoa, e de outro, os modos de controle e regulação dessas pulsões que lhe foram ensinados.

No que concerne às compulsões exercidas pelo sujeito sobre si mesmo, já indiquei que nenhum grupo humano, por mais primitivo que seja, pode subsistir sem possuir um potencial nesse sentido e sem efetivá-lo. Mas o tipo de coerção, o conjunto da matriz social que imprime sua marca nas normas que regem a sensibilidade e o comportamento individuais, pode diferir muito, em função dos diversos estágios de desenvolvimento da sociedade.

Os representantes dos estágios mais recentes tendem a ignorar a genealogia de sua própria sociedade e o longo processo de desenvolvimento que levou até eles. O esquecimento do passado, entretanto, não deve ser encarado com leviandade, pois tem consequências de peso. Um sinal disso, entre outros, é a prolongada incapacidade de propor uma explicação para o caráter específico do "tempo" que é objeto de assentimento geral. Repetimos: a autorregulação "temporal" com que deparamos em quase todas as sociedades avançadas não é um dado biológico, ligado à natureza humana, nem tampouco um dado metafísico, ligado a algum *a priori* imaginário, porém um dado social, um aspecto da evolução social da estrutura de personalidade, que, como tal, torna-se parte integrante da individualidade de cada um.

33

Convém que nos empenhemos em distinguir dois aspectos da realidade humana: os que não se modificam com o tempo, por constituírem dados biológicos universais ou estarem associados a esses dados, e outros que ainda não se modificaram, por estarem ligados a certos problemas sociais que se revelaram impossíveis de dominar e resolver até o momento, mesmo que não exista nenhuma razão para supor que tais problemas sejam perenemente insolúveis. Um exemplo de um dado imutável da natureza humana é a tendência a reagir a situações de conflito através da chamada "reação de alarme". Trata-se de uma reação que o homem mais ou menos compartilha com outras espécies vivas. A percepção de um perigo, de um conflito com seres animados ou inanimados, desencadeia mecanismos automáticos inatos que colocam o organismo sob tensão, como que o preparando para a luta ou a fuga. Nesse ponto, estamos diante de um modelo de reação inata[19] que foi objeto de estudos fidedignos, e que pode facilmente conduzir à ideia de uma agressividade inata. Na verdade, porém, essa elevação automática do nível de tensão, que prepara o organismo para responder de maneira rápida, adequada e enérgica a uma situação de perigo, é muito menos específica do que sugere o conceito de agressividade.

Há um hábito antiquíssimo da humanidade, o de resolver os conflitos entre clãs ou nações através dos massacres mútuos a que chamamos "guerras", que deve ser claramente distinguido desses dados biológicos universais. A hipótese de que os homens seriam incapazes de resolver seus conflitos por outros meios que não as guerras não é corroborada por nenhuma prova. Na verdade, neste fim do século XX, a única questão — reconhecidamente importantíssima — que se coloca parece consistir em saber se a humanidade descobrirá meios não violentos de resolver conflitos entre nações antes que ecloda uma nova grande guerra, ou se, justamente, tal guerra não será necessária, dentro dessa perspectiva. Mas um fator encontrado em todas as situações de pré-guerra, uma solução parcial para o enigma do reiterado deslizamento para a guerra, é, certamente, o hábito que os homens adquiriram de fazer ameaças de utilização da força, ou de fazer demonstrações de força para resolver os conflitos interestatais.

Para muitos homens e mulheres de hoje, a dinâmica das relações internacionais, que obriga a humanidade a viver sob a ameaça permanente da guerra, é tão incompreensível quanto a pressão permanente do tempo a que eles se acham submetidos. Procurei esclarecer em que condições se efetua a gênese dos *habitus* sociais responsáveis pela maneira como nossas sociedades avançadas vivenciam o tempo. As comparações com os estilos de experiência do tempo que caracterizam as sociedades menos avançadas terão ajudado, talvez, a destacar com mais clareza a particularidade das diversas etapas do processo da civilização humana. Mas o desenvolvimento da consciência humana do tempo não deve ser considerado isoladamente. A fim de torná-lo mais inteligível, eu gostaria de tecer aqui algumas comparações com outros aspectos das sociedades antigas e com o papel nelas desempenhado pela estrutura social da personalidade.

34

Tomarei como exemplo o relatório redigido em 1724 pelo missionário francês Joseph-François Lafitau sobre alguns costumes dos índios da América do Norte.[20] É fácil imaginar que os ancestrais de um grupo que alguém afirmou não possuir nenhuma palavra para designar o "tempo" tenham vivido de um modo não muito diferente dos mesmos índios descritos por Lafitau. A falta do conceito geral de "tempo" não impede, hoje como então, que tais grupos possam dispor de conceitos, decorrentes de um nível de síntese menos elevado, que os membros de sociedades mais recentes provavelmente classificariam entre os relativos ao tempo. Como outros povos em estágio de evolução comparável, os índios norte-americanos do século XVIII eram capazes, sem dúvida alguma, de reconhecer sem dificuldade se os rastros deixados pela passagem de um animal eram recentes ou antigos, e também, provavelmente, de determinar de quando seriam. Talvez utilizassem expressões diferentes para designar os rastros novos e os antigos. Quando partiam em expedições de guerra, às vezes eles precisavam de quatro a cinco dias para chegar à aldeia inimiga que se propunham atacar. Embora soubessem viver dos recursos oferecidos pela terra, eles carregavam suprimentos relacionados com a duração da expedição. É possível que designassem por termos diferentes as operações de guerra de durações diferentes. Mas os iroqueses, assim como as centenas de outros grupos tribais espalhados pelos imensos espaços da América, não se cercavam de instrumentos para medir o tempo. Não estavam expostos, dia e noite, à pressão uniforme do tempo, como os homens dos estágios posteriores do processo civilizador. E tampouco conheciam um modelo de autodisciplina, ligado às imposições do tempo, que dissesse respeito à totalidade de seus impulsos e suas atividades.

Como dissemos, isso não significa que lhes faltasse toda e qualquer espécie de autodisciplina. Passada a idade da amamentação, isso não acontece com nenhum ser humano psiquicamente sadio. Uma certa confusão do pensamento perturba nossa visão atual do material disponível. Não é inútil fazer um rápido exame dessa questão. Sem dúvida, conviria lembrarmos aqui que os seres humanos, diferentemente de outras espécies de animais que vivem em grupo, não possuem mecanismos automáticos inatos que lhes permitam controlar sua cólera ou sua angústia diante de situações de conflito ou de perigo. Em vez disso, a natureza os dotou de uma capacidade de controlar os diversos impulsos cujo exercício não está automaticamente ligado a seu metabolismo interno ou a qualquer desencadeador externo. Esse poder de autocontrole permanece latente até ser acionado e desenvolvido através da aprendizagem, mediante certas experiências individuais. No curso da primeira infância, uma estruturação de modelos de controle dos impulsos de origem biológica, associada a aprendizagens precoces, permite desenvolver mecanismos adquiridos de autocontrole, mecanismos socialmente induzidos que, sobretudo nas sociedades de tipo mais tardio, escapam a qualquer controle consciente e se tornam como que uma segunda natureza. Mas a capacidade — esta, não aprendida — de utilizar modelos aprendidos para refrear ou canalizar os impulsos relativamente elementares e espontâneos do organismo é um traço exclusivamente característico da espécie humana.[21]

Que essa característica singular da herança biológica do homem seja quase que inteiramente desprezada em suas teorias é uma das deficiências fundamentais de várias escolas de psicologia, em particular da escola de psicologia animal fundada por Konrad Lorenz. O desenvolvimento de uma pessoa humana caracteriza-se por um entrecruzamento de processos biológicos e sociais. Processos de crescimento naturais e não aprendidos fundem-se de tal maneira com processos de desenvolvimento aprendidos e ligados à experiência, que é inútil procurar distinguir os resultados de uns e de outros. Em razão, talvez, dos esforços que faz para adquirir o estatuto de ciência natural, a psicologia naturalista silencia sobre o fato de que os seres humanos, ao longo de seu desenvolvimento, transpõem o abismo aparentemente definitivo — que separa a "natureza" da "sociedade" e, por isso mesmo, da "cultura". Assim, temas como a autorregulação em matéria de tempo, típica das sociedades mais tardias, ou o problema da violência e de seu controle nas relações humanas, dão margem a discussões que se perpetuam, sem nenhuma chance de desembocar numa solução que conquiste a adesão geral.

A discussão sobre a violência é um exemplo disso. Segundo uma das teses vigentes, os seres humanos possuiriam um instinto de agressão geneticamente determinado — conceito que se pauta, ao que parece, no do instinto sexual. Segundo outra tese, em contrapartida, as tendências agressivas seriam exclusivamente resultantes de influências "culturais" ou ligadas ao "meio". Dentre os que participam dessas discussões, pouquíssimos parecem contemplar a possibilidade de que um conhecido modelo biológico de reação, às vezes denominado de "reação de alarme", que o organismo mobiliza para a luta ou a fuga em casos de conflito ou de perigo, tenha adquirido no homem uma certa plasticidade e uma certa receptividade a controles exercidos no sentido inverso. Em outras palavras, as discussões sobre a agressividade, assim como sobre muitas outras questões aparentadas, desprezam com frequência a interação entre os afetos e seu controle, a qual se conforma a modelos muito diferentes de uma sociedade para outra e, dentro de uma mesma sociedade, de um indivíduo para outro.

Os especialistas em psicologia animal — cujos méritos são incontestáveis em seu próprio campo — costumam deixar de levar em conta, quando se aventuram no campo da psicologia humana, a especificidade biológica da espécie humana. Um aspecto dessa especificidade é a já evocada predisposição biológica para controlar e modificar de múltiplas maneiras as pulsões e afetos, no contexto de um processo de aprendizagem. Assim, não podemos contentar-nos com uma explicação que pretenda dar conta do comportamento particularmente belicoso de muitos grupos humanos, como os índios da América do Norte, por exemplo, atribuindo-lhes uma dose especialmente elevada de agressividade inata. Mais uma vez, com isso se procura explicar um estado de coisas mediante a ajuda de outro que também precisa de explicação. Supondo-se que as tribos guerreiras de índios norte-americanos fossem realmente dotadas de um instinto de agressão particularmente intenso, não seriam elas similarmente dotadas de uma capacidade de controlar esse instinto? Na verdade, seu modelo social de comportamento deixava transparecer formas específicas e muito marcantes de autocontrole. Tomado como exemplo, o caso delas é instrutivo. Na origem de seus conflitos bélicos incessantes não havia nenhuma dose de agressividade biológica inata e particularmente intensa, mas, antes, uma incapacidade de dominar e controlar situações de conflito que lhes pareciam inevitáveis, e de modificar a correspondente estrutura de personalidade que sustentava seus conflitos guerreiros.

Como a maioria dos grupos humanos em estágios anteriores de desenvolvimento, os índios da América do Norte possuíam um código social muito elaborado, que regia sua conduta e sua sensibilidade, e exigia que eles controlassem a si mesmos em certas ocasiões. Mas, sob vários aspectos, seu modelo de autodisciplina e, portanto, seus *habitus* sociais eram muito diferentes das estruturas análogas suscitadas pelo código social próprio das sociedades mais avançadas. A autodisciplina exigida por seu código, a exemplo de suas formas de determinação do tempo, era descontínua, pontual e ligada a ocasiões determinadas. Em algumas destas, era também muito mais severa e extremada do que tudo o que possam exibir nessa matéria as sociedades que atingiram um estágio posterior do processo de civilização. Similarmente extremados eram os tipos de comportamento desenfreado que seu código social autorizava, ou até prescrevia, em outras ocasiões. O código social dos grupos humanos primitivos caracteriza-se, muitas vezes, por oscilações pendulares de enorme amplitude, que vão do prazer à dor e vice-versa, ao passo que, nos grupos mais evoluídos, as oscilações entre uma autodisciplina restrita e uma liberação controlada são mais moderadas e relativamente anódinas.

O sentido, aqui indicado, em que evoluem os modelos de autodisciplina das diferentes sociedades não deixa de se relacionar com uma crescente pacificação interna, ligada, por sua vez — para citarmos apenas algumas etapas do processo —, à transformação das hordas errantes em aldeias cercadas por paliçadas ou trepadas em colinas, e, mais tarde, em Estados territoriais cada vez mais vastos e cada vez mais solidamente pacificados. Em todas essas etapas há atos mortíferos que, ao mesmo tempo, permitem aos grupos liquidar seus conflitos e permitem às instituições sociais tradicionais exercer uma influência profunda nos *habitus* sociais. Mas, em muitas dessas sociedades primitivas, há grupos que também exercem formas de violência uns contra os outros, apresentando-se estas como condições mais ou menos permanentes ou dominantes de sua vida e, às vezes, como um verdadeiro estilo de vida.

Quando os antropólogos limitam suas investigações, como frequentemente acontece, a territórios mais ou menos pacificados, isso às vezes conduz à formação de uma imagem muito unilateral das sociedades pré-nacionais. De modo geral, não podemos deixar de subscrever o ponto de vista recentemente formulado por Pierre Clastres:

> Não se pode pensar a sociedade primitiva ... sem ao mesmo tempo pensar na guerra ... A violência da guerra aparece no universo dos selvagens como o principal modo de conservar indiviso o ser dessa sociedade, de manter cada comunidade com sua autonomia de *totalidade*

una, livre e independente das demais: a guerra, esse grande obstáculo erguido pelas sociedades sem Estado contra a máquina unificadora que é o Estado, é da essência da sociedade primitiva. Vale dizer, portanto, que toda sociedade primitiva é guerreira: daí a universalidade da guerra, etnograficamente constatada, na infinita variedade das sociedades primitivas conhecidas.[22]

Que, na situação pré-colonial, os membros das sociedades pré-estatais foram obrigados a viver no temor quase perpétuo das violências exercidas por uns contra outros é algo de que, pessoalmente, estou convencido há muito tempo. Mas, ao considerarmos esse mesmo fato segundo a sociologia da evolução, vemos claramente que, na esteira dos processos de formação dos Estados, populações cada vez mais numerosas e áreas cada vez mais vastas foram internamente pacificadas, o que constituiu um verdadeiro fator de transformação do mundo. Embora essa evolução tenha reforçado a aversão dos homens à guerra, nem por isso ela aboliu o temor que inspiram uns aos outros os membros dos diferentes Estados — um medo de serem arrasados pela força superior de um outro Estado, de serem coagidos, pela ameaça ou pela utilização da força, a se curvarem à vontade dos governantes de outras nações. O perigo representado pelo recurso à força bruta entre os diferentes grupos humanos ainda não foi superado. Em muitas regiões do mundo, a violência bélica recuou um pouco no horizonte e já não é tão onipresente. Já não se teme, noite após noite, ver surgir das sombras um guerreiro inimigo, pronto para se apossar dos bens ou da vida do semelhante. No entanto, embora a pacificação tenha ganho terreno dentro dos Estados, o medo recíproco e a escalada das ameaças do recurso à violência *entre* os Estados, não submetidos a nenhum verdadeiro monopólio da violência, continuam predominantemente incontroláveis. Tais ameaças e angústias eram ainda menos controláveis nos estágios em que as unidades humanas de sobrevivência apresentavam basicamente o caráter de sociedades pré-estatais. Talvez compreendamos melhor a ubiquidade da ameaça bélica para esses homens, que Clastres ainda classifica de "selvagens" — e que são simplesmente homens como nós, mas situados num estágio anterior da evolução social —, se nos lembrarmos de que nós mesmos vivemos num estágio relativamente precoce da evolução da humanidade, um estágio que convém compreender, provavelmente, como uma pré-história da humanidade, na qual os homens continuam incapazes de reconhecer e controlar a dinâmica social que leva os governantes dos diferentes Estados a resolverem seus conflitos através do emprego da violência.

Os homens, que se mostram sumamente ociosos em suas aldeias, escreveu Lafitau, vangloriam-se de sua indolência apenas para dar a entender que só nasceram, propriamente, para as coisas grandiosas, e sobretudo para a guerra, a qual, submetendo sua coragem às mais rudes provas, fornece-lhes frequentes oportunidades de expor sob o prisma mais favorável toda a nobreza de seus sentimentos.[23]

Lafitau acrescenta que, entre os iroqueses, os homens se disporiam a deixar entregues às mulheres — que eram, de qualquer modo, responsáveis pela alimentação — suas outras duas ocupações, a caça e a pesca, se estas não lhes servissem de treinamento para atingir o que constituía seu principal objetivo de vida, ou seja, mostrarem-se terríveis para com seus inimigos, mais terríveis do que qualquer animal feroz. Visivelmente, porém, seus inimigos buscavam o mesmo objetivo. Dessa descrição e de outras similares ressalta a imagem de uma multidão de grupos tribais mais ou menos importantes, todos expostos às expedições mortíferas que uns empreendiam contra os outros, todos rivalizando em brutalidade em sua maneira de abater suas vítimas, bem como na crueldade requintada de seu modo de torturar os prisioneiros. Na verdade, eles estavam ligados entre si por um processo de duplo vínculo,[24] que obrigava cada um dos grupos nele empenhados a uma escalada dos meios de ferir os demais. Com efeito, eles precisavam inspirar nos adversários um medo capaz de lhes paralisar a resistência e, ao mesmo tempo, precisavam enrijecer-se contra o sofrimento das torturas que estavam à espera de qualquer homem que fosse feito prisioneiro pelos inimigos.

Nessas sociedades, ainda em estágio muito precoce da evolução social, já se constata entre os grupos uma relação, uma escalada do terror que, *mutatis mutandis*, tem um estreito parentesco com a que caracteriza as relações internacionais na era dos armamentos nucleares. Não há como escolher, na verdade, entre os tormentos que os homens ameaçam causar uns aos outros através da contaminação radioativa, entre a morte lenta e dolorosa que é consequência da guerra atômica, e as torturas com que os índios da América do Norte, no auge de sua independência, não paravam de ameaçar uns aos outros. A diferença é que, na grande maioria dos cidadãos das nações que se ameaçam mutuamente de aniquilação total, de envenenamento generalizado através de um holocausto nuclear, a estrutura de personalidade está centrada em atividades pacíficas e é minuciosamente regulada por uma grade temporal organizada com apuro, que encontra seu correspondente na consciência do indivíduo, por assim dizer, num modelo de autodisciplina que está estreitamente associado a uma percepção sempre presente do escoar do tempo.

O guerreiro indígena tinha um modelo completamente diferente de autodisciplina. Antes de mais nada, e para nos limitarmos a esse aspecto, sua vida inteira, pelo menos durante a idade viril, era integralmente dedicada à guerra. Mas, justamente por causa disso, a ambivalência do destino e da estrutura de personalidade desses homens, empenhados em preparar a guerra, destaca-se com uma clareza especial. Já aludi a isso. Esses homens tinham que pagar um preço altíssimo pelo enorme prazer, prometido por seu código social, que podiam extrair dos requintes de tortura que infligiam a seus prisioneiros. Tinham não apenas que contemplar a ideia de serem eles mesmos torturados até a morte, se porventura uma expedição guerreira desse mau resultado, mas também que se preparar para essa eventualidade desde a infância. Segundo um código de honra que, ao que parece, era comum a todos esses clãs — independentes, no sentido de estarem todos similarmente expostos a agressões e golpes recíprocos —, era vergonhoso, para um guerreiro torturado, deixar transparecer o menor sinal de sofrimento. Tal comportamento desonraria seu clã. Por isso, cada clã se dava ao imenso trabalho de preparar desde cedo seus membros masculinos, e talvez até seus membros femininos, para essa eventualidade — a de ter que enfrentar uma morte atrozmente dolorosa e incorrer em desonra, ao deixar transparecer algum sinal de sofrimento.

Lafitau relatou que, aos cinco anos, as crianças já faziam uma brincadeira que consistia em apertar nas mãos um pedaço de brasa ardente, para ver se eram capazes de suportar a dor, segundo as exigências de seu código social. A maioria das torturas que os índios infligiam uns aos outros tinha como instrumento o fogo. Eles prendiam um cativo no poste das torturas e começavam a queimar-lhe os membros inferiores com pedaços de metal incandescentes. Às vezes, arrancavam-lhe as unhas ou lhe cortavam um ou dois dedos dos pés, que então punham em seus cachimbos ou mandavam assar para comer. Outras vezes, ao queimar a carne ou arrancá-la do corpo vivo, eles deparavam com um nervo, e então o puxavam ou retorciam, a fim de aumentar o sofrimento do prisioneiro e, com isso, seu próprio prazer. Nem todos, é claro, eram capazes de suportar essas torturas em silêncio. Mas alguns, aparentemente, com um heroísmo que evocou em Lafitau a firmeza inflexível dos primeiros mártires do cristianismo, entoavam cânticos de seus povos ou celebravam suas próprias proezas. Conseguiam instigar e provocar a multidão de carrascos que os cercavam, contando-lhe como eram mais capazes do que eles de fazer suas vítimas sofrerem, e descrevendo sua própria superioridade na arte da tortura. Ao cabo de algumas horas, a fúria podia diminuir. O prisioneiro era autorizado a se deitar e descansar um pouco. Depois, iam buscá-lo e o clã vitorioso recomeçava a torturá-lo, a queimá-lo e a lhe retalhar os membros, um após outro. Ao cabo de um ou dois dias, já não restava grande coisa de seu corpo, e alguém lhe aplicava então o golpe de misericórdia.

Dentre os homens criados nas sociedades-Estado da Europa e da América, altamente complexas e totalmente pacificadas em seu interior, pouquíssimos, é claro, seriam capazes de infligir a seus semelhantes esse tipo de morte lenta e dolorosa, e de se comprazer com isso; pouquíssimos, igualmente, estariam em condições de suportar tal morte em silêncio. E, de fato, Lafitau comentou que, dentre os franceses ou ingleses capturados pelos índios e submetidos a esse tipo de martírio, muito poucos suportaram o sofrimento com o estoicismo de que a maioria dos índios dava mostras. Do mesmo modo, encontraríamos pouquíssimos membros dessas sociedades complexas da Europa e da América, sem dúvida, que fossem capazes de imaginar que eles mesmos, ou os homens em geral, pudessem apreender as dimensões físicas e sociais do mundo em que eles vivem sem possuir sua mesma consciência apurada do tempo, e sem poderem referir-se aos mesmos relógios e calendários que auxiliam sua autorregulação e sua autodisciplina. Mas, em geral, não se tem hoje uma consciência clara de que, ao penetrar no eu até chegar a esses seus componentes imutáveis, atinge-se a dimensão social da personalidade individual. As estruturas desse tipo parecem tão firmemente implantadas, que chegam quase a dar a impressão de fazer parte de nossa própria natureza. Isso se aplica a nossa reação de repulsa diante da maneira como os índios matavam outros seres humanos. Também essa reação pode afigurar-se um componente de nossa personalidade mais íntima, ou da natureza humana em geral, quando, na realidade, é um produto não da natureza, mas da educação.

A coisa não é diferente em relação ao que sentimos como sendo a selvageria dos selvagens. É tentador interpretar em termos psiquiátricos, como uma forma de sadismo, a alegria cruel que muitos clãs indígenas experimentavam em torturar outros, ou interpretá-la, em termos da biologia, como a expressão de uma agressividade inata. Com isso se espera havê-la explicado. Na verdade, contudo, isso é apenas uma aparência, posto que se dá conta de um *explanandum* com a ajuda de outro *explanandum*. À primeira vista, o martírio infligido aos prisioneiros pareceria ser simplesmente a expressão espontânea de certas pulsões. Mas, examinando as coisas mais de perto, descobrimos que tudo isso fazia parte de um ritual altamente formalizado. O Conselho dos Anciãos decidia em sigilo quais seriam os prisioneiros torturados e assassinados, e quais os autorizados a viver em determinadas famílias, substituindo um membro que houvesse tombado no campo de batalha. Muitas vezes, dava-se aos prisioneiros uma certa liberdade de movimento e eles eram intencionalmente enganados quanto a seu destino final, antes de serem conduzidos ao poste das torturas. Era o código social desses grupos humanos relativamente simples que autorizava, ou até ordenava, tanto um grau mais alto de gozo com os suplícios infligidos a outrem quanto um nível mais elevado de autocontrole nas torturas sofridas. Em suma, pode-se dizer que quase todas as sociedades primitivas impõem a seus membros formas de controle que, sob certos aspectos, são muito severas, ao passo que, ao mesmo tempo, curiosamente, seu código social permite e até estimula formas de prazer que, comparadas às nossas, parecem selvagens e desenfreadas. O que requer explicação, antes de mais nada, não é a conduta ou a experiência individual em si, mas o código social que imprime sua marca no comportamento e na sensibilidade dos indivíduos — ou seja, a estrutura social de personalidade a partir da qual se constrói uma personalidade individual mais ou menos distinta e diferenciada.

35

A própria consciência do tempo, onipresente nos membros das sociedades urbanizadas relativamente complexas, faz parte de seu código social e de sua estrutura social de personalidade. Foi para esclarecer melhor essa situação que inseri a digressão anterior, relativa à estrutura de personalidade dos guerreiros pertencentes a sociedades situadas num estágio mais precoce da evolução social. Mas esse tema me afastou demais do problema do tempo. Nas sociedades relativamente simples, o código social comporta poucos sinais de caráter temporal, e os raros sinais que existem estão ligados, sem exceção, a ocasiões precisas. Nenhum deles se aproxima da ubiquidade e do alto nível de síntese próprios dos sinais temporais utilizados pelos membros dos Estados nacionais industrializados. A personalidade guerreira dos índios da América do Norte e a dos chacos da América do Sul, esta descrita por Clastres, podem servir aqui de imagem contrastante. Com suas enormes oscilações pendulares entre gozos cruéis e sofrimentos cruéis, com seu alto grau de concentração no presente, ela permite apreender, com certo distanciamento e num contexto mais amplo, alguns aspectos de nossa própria estrutura de personalidade, tais como a consciência onipresente do tempo que nos governa. Essa diferença pode ajudar-nos a relacionar a experiência coletiva do tempo com o estágio de desenvolvimento social característico dos Estados nacionais industrializados e relativamente avançados e, em especial, com o estágio do processo civilizador representado pelo modelo de autodisciplina próprio de seus membros.

A comparação com a estrutura de personalidade nas sociedades que se encontram num estágio anterior também pode pôr em relevo um outro problema, sem dúvida ainda muito negligenciado. Os índios norte-americanos são, biologicamente, nossos semelhantes, são membros da espécie *Homo sapiens*. Um processo social que não foi obra da intenção de ninguém colocou-os numa posição em que um bom número deles, particularmente os guerreiros, encontravam sentido e realização para sua vida nos combates e nos suplícios que infligiam aos outros, ou que suportavam em heroico silêncio. Eles não escolheram esse estilo de vida. Ele lhes foi imposto por uma evolução social longa e cega. Mas isso é igualmente válido em relação a nosso próprio estilo de vida. O fato de não podermos escapar de uma certa consciência do tempo, ou de nos arriscarmos a exterminar uns aos outros numa guerra nuclear, por não termos sabido encontrar nenhum modo confiável de deter esse perigo, não é menos sintomático das imposições não planejadas que estão ligadas ao desenvolvimento das sociedades. À distância, podemos ser capazes de identificar o processo social cego que empurrou os guerreiros indígenas para o desfiladeiro de suas guerras contínuas e suas torturas recíprocas. Talvez estejamos até em condições de reconhecer, com um certo distanciamento, que esses homens, entregues de maneira indefesa aos caprichos de um processo social que os acuou nesse impasse, são comparáveis aos homens dos séculos passados, também eles dependentes de processos naturais, como inundações ou epidemias, os quais não sabiam controlar. O poder cego dos processos naturais não desapareceu, mas agora é controlado, em medida bastante considerável, graças aos avanços dos conhecimentos e às explicações que lhes podemos dar. Até o momento, os homens ainda não se conscientizaram de que a intricação de suas diversas atividades desencadeia e alimenta processos que não são muito mais planejados e pretendidos do que os processos naturais. O extremo desenvolvimento da consciência do tempo, examinado neste livro, constitui um exemplo disso. Trata-se de um aspecto do desenvolvimento da sociedade que não foi planejado nem deliberadamente produzido por ninguém. Temos de conviver com ele, bem como com a deriva para a guerra, exatamente como os membros das sociedades menos complexas a que antes nos referimos tinham que conviver com as imposições de sua própria estrutura social. Na infância, como que resvalamos para dentro dessas estruturas. Elas se tornam parte de nós. Podemos até considerá-las plenas de sentido. Deslocamo-nos para o interior dessa consciência envolvente do tempo, a qual se tornou parte de nossa própria personalidade. Nessa condição, ela nos parece evidente. É como se nossa experiência do mundo não pudesse assumir outra forma.

Estas observações talvez nos ajudem a tomar uma certa distância não somente do tempo ou da guerra, porém, em termos mais gerais, dos processos sociais cegos que os produzem. Sua particularidade não foi compreendida até hoje. Nossa capacidade de controlá-los ainda está em seus primórdios. Muitos aspectos relacionados com esse assunto continuam a ser dos mais controvertidos. O problema do tempo oferece às discussões em andamento um terreno relativamente neutro, assim como alguns elementos de informação.

Esse exemplo fornecerá, sem dúvida, um entendimento melhor do valor epistemológico do método comparativo. Nossos próprios *habitus* sociais, assim como múltiplos sinais que distinguem o estágio de desenvolvimento da sociedade que encarnamos, destacam-se com mais nitidez do confronto com representantes de outro estágio e com seus *habitus*. E estes últimos, por sua vez, adquirem contornos mais firmes ao serem confrontados com os de um estágio posterior. É a partir dessas comparações que, com o tempo, poderá emergir um quadro mais completo do desenvolvimento da humanidade e, portanto, também da sucessão de suas fases. A tendência dos especialistas das ciências sociais a se desviarem do passado e do futuro, para se concentrarem no momento presente, cria tantos obstáculos para as pesquisas comparativas quanto a percepção do passado como "história".

Como indiquei, a experiência do tempo que é própria de cada um só é compreensível para ele mesmo à luz de uma reconstituição do passado, de um confronto com estágios anteriores da determinação do tempo; e estes, por seu turno, só se tornam inteligíveis quando os concebemos como diferentes patamares na escala do desenvolvimento. A literatura filosófica clássica dedicada ao tema do tempo constitui um bom exemplo, em ponto pequeno, da confusão produzida pela negação do passado social, por uma certa maneira de desconhecer o longo processo que trouxe os homens ao ponto em que eles hoje se encontram. No estágio atual do desenvolvimento da humanidade, alguns de seus representantes têm a capacidade de se autoaniquilar e, quem sabe, aniquilar ao mesmo tempo a humanidade inteira. Nessa situação, é perigoso não nos mostrarmos perfeitamente sinceros, não nos esforçarmos por abandonar todos os disfarces, sejam eles idealistas, materialistas ou de outra ordem. Esse é um luxo que já não nos podemos permitir. O perigo está em que o atual ímpeto civilizador ainda não atingiu um estágio em que a autodisciplina individual suplante os mecanismos que implicam uma coerção externa.

36

Uma nova incursão no passado poderá ajudar-nos a completar esse quadro. Ela apresenta, em seu contexto social, um modo mais antigo de determinar o tempo. Há um certo perigo em considerar o estudo do tempo como uma especialidade e tentar explorar isoladamente o desenvolvimento de sua determinação. Indiquei que talvez seja útil, mesmo que nos ocupemos primordialmente da questão do tempo, ficarmos atentos ao desenvolvimento da violência e de seu controle. E sem dúvida será mais útil, se quisermos compreender a natureza e a função da determinação do tempo no interior das sociedades primitivas, que a consideremos com a máxima precisão possível em seu contexto social original. É claro que já não existem sociedades pré-nacionais que se hajam mantido afastadas das tendências para a formação do Estado, com suas feições atuais, a ponto de nelas podermos encontrar a operação de determinação do tempo em suas formas mais arcaicas. O centro de controle da violência, e também o do controle do tempo, tenderam cada vez mais a emigrar do nível pré-nacional ou das cidades-Estado para o nível representado por Estados providos de um aparelho governamental, administrativo, jurídico e militar especializado e permanente. Se quisermos encontrar lembranças autênticas da vida numa aldeia tradicional, tal como se desenrolava no exato momento em que se efetuou ou estava prestes a se efetuar a transferência dos centros de poder para o nível dos Estados dotados de pessoal especializado e permanente, seremos obrigados a nos apoiar essencialmente em fontes escritas.

Tomaremos como exemplo um documento desse tipo, o romance *A flecha de Deus*, de Chinua Achebe,[25] do qual um dos temas centrais é um conflito a propósito da determinação do tempo. Há nele um depoimento direto sobre a vida numa aldeia ibo da Nigéria oriental, no momento em que o antigo estilo de vida, apesar de ainda predominantemente intacto, começou a se transformar, sob a influência de um novo regime colonial. A narrativa grandiosa de Achebe ilustra com discrição, porém vivamente, o nível de violência encontrado na vida cotidiana de um grupo de aldeias que estavam unidas sob a proteção de uma mesma divindade e que, desse modo, apresentavam diversos traços de um Estado composto de uma confederação de aldeias, uma espécie de república sob o governo da assembleia dos anciãos, aos quais se juntavam alguns homens de posição elevada. A esse areópago pertencia também o grande sacerdote de Ulu, o deus supremo das seis aldeias, cujo reino representava o principal vínculo federativo. O titular dessa função na época em que se passa o romance, Ezeulu, é seu personagem central.

Ezeulu é o arquétipo do sacerdote altivo e poderoso. Algumas gerações antes, as seis aldeias — dentre elas a de Ezeulu — haviam sofrido ataques incessantes dos caçadores de escravos.[26] Para se proteger desses ataques, as seis aldeias haviam feito uma aliança. O deus Ulu e seu sacerdote, um ancestral de Ezeulu, haviam-se transformado nos símbolos de sua união. E o deus havia atendido às expectativas dos aldeões: os guerreiros estrangeiros tinham sido rechaçados, ou mantidos longe dessas aldeias. Ulu se mostrara forte e poderoso, e o poder do deus legitimava o de seu sacerdote. Era este que, sob muitos aspectos, dirigia a vida das seis aldeias. Em nome do deus, ele determinava o que chamamos de "tempo". Sabia antever o aparecimento da lua nova. Anunciava aos habitantes das seis aldeias que a lua nova fora realmente vista, que ele dera boas-vindas a essa hóspede e que, a partir desse momento, as pessoas podiam dedicar-se a todas as atividades dependentes da chegada da lua nova. Normalmente, é claro, Ezeulu tinha de antemão uma ideia aproximada da data em que a lua nova visitaria as seis aldeias, mas a tarefa de identificá-la no céu nem sempre era fácil. Na estação das chuvas, em particular, às vezes a lua se escondia atrás das nuvens. Nunca se podia ter plena certeza de sua chegada antes de avistá-la.

Nesse estágio, portanto, a chegada da lua nova ainda não era apreendida como um fenômeno natural, mecânico, passível de uma explicação causal. Era um acontecimento essencialmente visto como um encontro entre seres vivos, entre pessoas. Naturalmente, qualquer um que tivesse boa visão poderia avistar a lua no céu, e um dos inimigos de Ezeulu resmungava coisas nesse sentido. Mas a gente comum discordava facilmente quanto à chegada ou à não chegada dela e, com isso, ficava comprometida a função reguladora de sinal temporal exercida pelo aparecimento da lua nova, que se esperava que pusesse em andamento diversas atividades humanas. Além disso, nesse estágio, ver a lua nova era algo espontaneamente vivido como ser visto por ela. Ora, havia um risco de que o rosto do primeiro a aparecer não agradasse à visitante. Assim, talvez fosse mais seguro confiar ao sacerdote e a seu tambor a tarefa de iniciar a cerimônia de acolhida da recém-chegada e de garantir suas boas graças — de impedir, em suma, que ela se tornasse uma "lua má" —, e assim, de dar às pessoas um sinal temporal que servisse para a regulação de suas atividades.

Eis como Achebe descreve a reação das mulheres e crianças de Ezeulu à chegada de uma lua nova:[27]

> As crianças pequenas da corte de Ezeulu juntaram-se ao coro das saudações dirigidas à lua nova ... As mulheres também haviam saído e conversavam.
>
> — Oh, lua — disse Matefi, a mais velha das esposas, — possa teu rosto, que se encontra com o meu, trazer felicidade.
>
> — Onde está ela? — perguntou Ugoye, a mulher mais jovem. — Não a estou vendo. Será que estou cega?
>
> — Não a estás vendo acima do topo da árvore Ukwa? Não, lá não! Acompanha a direção do meu dedo.
>
> — Ah, estou vendo. Oh, lua, possa teu rosto, que se encontra com o meu, trazer felicidade. Mas, como está ela? Sua posição não me agrada.
>
> — Por quê? — perguntou Matefi.
>
> — Parece que está atravessada... como uma lua má.
>
> — Não — disse Matefi, — a lua má não deixa ninguém em dúvida quanto ao que ela é. Como aquela em que Okuata morreu. Ela estava de pernas para o ar.
>
> — A lua mata as pessoas? — perguntou Obiageli, agarrando-se às roupas da mãe.

Como outros sacerdotes das aldeias-Estado africanas, Ezeulu exercia diversas funções de determinação do tempo, que serviam para a regulação de atividades sociais específicas. Como meio empregado para coordenar as atividades de uma pluralidade de indivíduos, a determinação do tempo sempre pressupõe que estes se disponham a se submeter a uma autoridade que garanta sua integração. A autoridade exigida para determinar o *momento* em que se devem iniciar certas atividades específicas, coletivas ou individuais, foi atribuída aos sacerdotes durante muito tempo. Isso decorreu do contato mais estreito que eles supostamente manteriam com o mundo dos espíritos, dos quais os corpos celestes, principais instrumentos da determinação do tempo, eram tidos como enviados ou representantes. O fato de um sacerdote como Ezeulu conhecer os mistérios da determinação do tempo, poder declarar com autoridade quando deviam iniciar-se certas atividades sociais, ou poder recusar-se a fazer essa declaração, certamente constituía uma das fontes de seu poder.

Era ele que, depois de consultar seu deus, decidia sobre o momento em que podia ter início a festa das abóboras. Por ocasião dessa festa, todos os aldeões, homens e mulheres, reuniam-se na ampla praça do mercado, em cujo centro tomavam o cuidado de deixar uma grande área livre. O enorme tambor que era ouvido em todas as aldeias, e que, em caso de necessidade, servia para convocar seus habitantes — ou, às vezes, apenas os mais velhos dentre eles —, fazia ressoar sua voz poderosa e comovente. No instante seguinte aparecia o grande sacerdote de Ulu, cercado por seus acólitos, e começava a dançar, de acordo com o rito, em torno do espaço que o público lhe deixara livre na praça do mercado. As pessoas atiravam folhas grandes de abóbora, que caíam onde ele dançava, e sua dança purificava os aldeões de suas más ações. Noutra ocasião, o sumo sacerdote tinha o privilégio de anunciar, depois de ouvir a voz de seu deus, que era chegado o momento propício para a colheita do inhame, alimento básico desse povo. Isso equivalia ao anúncio do ano novo. O povo, cuja reserva de inhames estava às vezes quase esgotada, podia encher seus celeiros outra vez e começar a consumir a nova colheita. Para todo esse calendário, os habitantes das seis aldeias tinham que recorrer a Ulu e seu sacerdote.

Ezeulu tinha plena consciência do poder que lhe conferia essa tarefa, junto com todas as demais. Era um homem de estatura elevada, digno, orgulhoso e seguro de si, pois sabia contar com a confiança de seu deus. Entretanto, embora ele não se desse conta disso, seu poder e o de seu deus estavam sendo progressivamente esvaziados de substância pela chegada do homem branco e, em certa medida, da religião trazida por este. O homem branco havia começado a impor sua paz. Já não havia porque temer os guerreiros estrangeiros contra os quais era necessária a proteção de Ulu. Até os conflitos locais, que opunham endemicamente as diferentes aldeias-Estado, estavam proibidos. E, quando os anciãos das seis aldeias, a despeito das advertências de Ulu e da oposição ferrenha de seu sacerdote, resolveram fazer uma expedição guerreira contra uma aldeia-Estado vizinha, que disputava com eles um pedaço de terra, o homem branco, vindo de um país de quem ninguém jamais ouvira falar, interveio com seus soldados, recolhendo todas as armas de fogo dos aldeões, destruindo diante de seus olhos a maior parte delas e carregando as restantes. Visivelmente, as coisas estavam mudando.

Os camponeses das seis aldeias, orgulhosos e independentes — e semelhantes, nesse aspecto, a outros ibos ou aos romanos da antiga República —, não estavam dispostos a se submeter a chefes ou, conforme o termo ocasionalmente utilizado, reis. Alguns tinham até a impressão — e havia quem o dissesse abertamente — de que o grande sacerdote de Ulu estava demasiadamente ávido de poder, demasiadamente ambicioso, quase como se quisesse tornar-se um rei-sacerdote. O líder da facção oposta, que empregava todos os meios para destruir o poder de Ezeulu, era um rico camponês de nome Nwaka. A rivalidade entre os dois homens havia-se exasperado a propósito dessa guerra, que Nwaka desejava e que Ezeulu, em nome de seu deus, repelia como injusta. Por ocasião do processo judicial instaurado pelo governo colonial para esclarecer as responsabilidades no desencadeamento da guerra, Nwaka e as outras testemunhas provenientes das seis aldeias afirmaram-se detentores de direitos sobre as terras contestadas e disseram que a responsabilidade pelo conflito cabia ao campo adversário. Somente Ezeulu, sempre íntegro e inflexível, declarou que se tratava de uma guerra injusta, e o homem branco proferiu seu julgamento em consequência disso.

Nas seis aldeias, muitos foram de opinião que o sacerdote os havia traído. Cresceu a tensão entre ele, de um lado, e Nwaka, com seu número cada vez maior de partidários, do outro. Ezeulu, com o senso de justiça que o habitava, foi ficando cada vez mais amargo. Seu deus era um deus ciumento, que esperava ser obedecido por seu povo e se inclinava a castigar os que não o respeitavam. Aproximava-se o tempo da colheita, mas Ulu continuou mudo. Seu sacerdote, não ouvindo a voz do deus, não podia anunciar aos homens que era chegada a hora da colheita. O povo sofria. Começou um período de grande aflição nas seis aldeias. As antigas provisões estavam-se esgotando e era impossível substituí-las pelas novas. Os habitantes das seis aldeias, dentre eles o próprio Ezeulu, com suas mulheres e seus filhos, não tinham o suficiente para comer. Os que dispunham de meios iam às escondidas comprar alimentos em outras aldeias. A missão cristã divulgou a notícia de que todos os que levassem os frutos de sua nova colheita para serem benzidos pelo deus cristão ficariam protegidos de Ulu e das outras divindades pagãs, e nada teriam a temer. Ezeulu, vendo a fome e o sofrimento a seu redor, estava internamente dilacerado. Esperava sinceramente que a voz do deus lhe indicasse a chegada do momento da colheita e, portanto, do ano novo, de maneira a que ele mesmo pudesse então anunciar a boa-nova. Ao mesmo tempo, ele percebia confusamente que eram sua própria irritação, sua cólera contra os aldeões e sua necessidade de vingança que o haviam ensurdecido para a voz do deus. Todavia, ainda que estivesse punindo a si mesmo ao se portar dessa maneira, ele não conseguia dominar sua ira, seu desejo de castigar as pessoas pelo que elas lhe haviam feito. O golpe que provocou o desfecho veio como um relâmpago num céu sereno: o filho favorito de Ezeulu morreu de repente. Era aquele de quem ele esperava, sem dúvida, que o deus fizesse seu sucessor, por ocasião de sua morte. O golpe o arrasou. Os aldeões e o próprio Ezeulu souberam prontamente que o deus se voltara contra ele. Compreenderam que Ulu havia abandonado seu sacerdote.

Durante sua vida inteira, Ezeulu sentira a presença de seu deus. Sempre tivera certeza de gozar de sua confiança. Abrira-lhe o coração de maneira mais irrestrita, e certamente com mais fervor, do que um filho que se dirigisse ao pai. Não mais tendo ouvido a voz do deus, ele se recusara, em deferência a ele, a deixar morrer o ano velho e anunciar o começo do novo. E, como recompensa, o deus matara seu amado filho, com isso deixando claro que se voltara contra ele e que havia tomado o partido de seus inimigos. Agora, estes tentariam derrubá-lo por completo. Privado da confiança e da proteção de seu deus, Ezeulu não tinha mais energia nem razão de viver. Estava acabado. E o mesmo acontecia, diz-nos Achebe, com seus deus, pois, o que é um deus sem seu sacerdote?

37

Na fase de desenvolvimento social ilustrada por essa história, o tempo ainda não é apreendido como um fluxo impessoal e regular, simbolicamente representado pela chegada e pela partida inexorável dos anos do calendário, os quais, das profundezas de um futuro quase ilimitado e apenas parcialmente garantido, vêm juntar-se sub-repticiamente a nós, atravessam o presente dos que vivem aqui e agora e mergulham num passado insondável. Em nossa época, a concepção do tempo está estreitamente associada a uma apreensão da natureza como um sistema de acontecimentos impessoais, um vasto autômato que tanto inclui o crescimento e o desaparecimento das galáxias quanto o crescimento e o envelhecimento de todo o mundo, simbolizado pelo aumento constante do número de seus anos de vida.

A narrativa de Achebe, em sua discrição, permite-nos entrever uma forma antiga de experiência do tempo. A distinção entre passado, presente e futuro, assim como entre coisas animadas e inanimadas, ainda não havia atingido, no discurso, no pensamento e na experiência humanos, a nitidez que hoje lhe é própria. O fato de muitas denominações de objetos inanimados trazerem hoje a marca do masculino, em alguns casos, e a do feminino, noutros, talvez seja um vestígio de uma situação antiga na qual esses objetos eram percebidos como pessoas.

Significará isso que os membros das sociedades do passado experimentavam como vivo ou "animado" aquilo que experimentamos como inanimado? É impossível responder a isso com um simples sim ou não. O termo geral "animismo", que ligamos a essa antiga forma de experiência, parece sugerir que sim. Mas o uso atual de conceitos como "animado", e portanto, também "animismo", repousa num conhecimento fidedigno e objetivo de tudo o que implica a designação de algumas coisas como "vivas" e de outras como "não vivas". Em inúmeras situações, os homens sabem hoje discernir, com alto grau de distanciamento, as coisas vivas e as coisas não vivas. Temos certeza de que o leão, em sua jaula do zoológico, não possui forças mágicas que lhe permitam sair jaula afora, matando um ou dois espectadores, de modo que ficamos aptos a contemplar tranquilamente o animal, sem nenhuma implicação afetiva. O conceito de animismo sugere, com justa razão, que os membros das sociedades do passado frequentemente consideravam animadas certas realidades que os membros das sociedades mais recentes consideram inanimadas. Mas, como símbolo conceitual de outra modalidade de experiência, o termo "animismo" não é inteiramente adequado. Não chama atenção para o fato de que os homens dos estágios anteriores, quando percebiam como animadas certas coisas que, segundo nosso saber atual, são inanimadas, não o faziam com o mesmo grau de distanciamento que acompanha essa percepção num estágio posterior. Objetos como a lua ou o sol eram apreendidos como uma espécie de pessoas, pois sua chegada e sua partida eram vividas com maior incerteza e com uma implicação afetiva mais intensa, como uma fonte potencial de perigo ou, talvez, de prosperidade. A pergunta para a qual os homens das sociedades do passado buscavam uma resposta, a pergunta primordial da humanidade, não era "O que são a Lua e o Sol?", e certamente não era "São eles de natureza mineral, vegetal ou animal?". A pergunta era: "Que significa *para nós* tal ou qual acontecimento no céu? Será ele bom ou ruim para nós?"

Na história de Achebe, o fato de avistar uma lua nova revestia-se, sem dúvida alguma, para as mulheres e crianças da família do sacerdote, do caráter de um encontro entre pessoas. Nesse sentido, tratava-se realmente de "animismo". Ao mesmo tempo, entretanto, esse acontecimento tinha o caráter de um presságio que lhes dizia respeito pessoalmente. Os membros dos grupos situados nesse estágio do desenvolvimento social recebem de sua tradição fórmulas rituais particulares, que transformam o acontecimento num encontro interpessoal. Ao primeiro surgimento da lua nova, as pessoas tinham o costume de saudá-la devidamente, como convinha, com palavras como "teu rosto que se encontra com o meu". Esse exemplo ilustra com muita clareza um modo de experiência ingenuamente egocêntrico ou engajado. Da cena anteriormente descrita destaca-se que a chegada da lua dava margem, imediatamente, a comentários sobre a possível significação de seu aparecimento para aqueles que a viam. Era evidente que esse acontecimento podia ter uma determinada significação. Uma das crianças pergunta se a lua mata pessoas; um adulto a tranquiliza, dizendo-lhe que a lua não é, em absoluto, um ser malvado assim.

38

Em outras palavras, nesse estágio primitivo, o universo inteiro, inclusive aquilo a que hoje chamamos "natureza", centrava-se na aldeia e era percebido como um mundo unitário de espíritos. Nos estágios posteriores, essa modalidade de experiência, sem desaparecer necessariamente, deixou de ser dominante em muitos campos da vida humana. As instituições tenderam então a restringir esse domínio a alguns setores da vida social. A pergunta fundamental, que é símbolo de uma profunda implicação dos homens — "Isso é bom ou mau para mim, ou para nós?" —, continua a exercer influência sobre a experiência humana, mas já não desempenha o mesmo papel em campos cada vez mais numerosos, sobretudo em nossas relações com aquilo a que hoje chamamos "natureza". A interrogação egocêntrica, "Quais são a significação e a utilidade disso tudo para mim, ou para nós?", foi destronada e subordinada a interrogações mais impessoais e distantes, como: "Que tipo de relações existem entre esses acontecimentos?", ou "Que significam eles em si, independentemente de mim ou de nós?" Ao se ater a essas perguntas mais distanciadas, o saber humano pôde aumentar imensamente seu grau de adequação ao real em toda uma série de campos, bem como sua certeza própria e sua capacidade de controlar os acontecimentos dentro desses campos. No desenvolvimento da humanidade que conhecemos, não existe um grau zero de adequação ao real no saber, mas sim etapas em que o patrimônio de saber voltado para o real é mínimo, se comparado ao patrimônio do saber imaginário. Paralelamente ao crescimento do primeiro tipo de saber, encontramos não apenas a ampliação da capacidade humana de controlar os acontecimentos, mas também uma elevação do grau de certeza que os homens têm da origem e da ligação mútua dos acontecimentos.

O estranho é que esse aumento da certeza ainda é relativamente pouco compreendido. De maneira geral, temos apenas uma vaga consciência de que um saber consoante com a realidade, cujo melhor exemplo é o conhecimento científico da natureza, ajuda a restringir os temores sentidos pelas pessoas. Ele permite que os homens ajam com maior certeza quanto aos pressupostos e às consequências de seus atos, e que evoluam com mais segurança dentro dos campos que são objeto de um saber relativamente confiável. Na falta de uma percepção objetiva do enorme aumento da segurança que é característico das sociedades dos estágios posteriores, com a concomitante redução da incerteza e da angústia, é impossível nos conscientizarmos do alto grau de incerteza e perigo experimentado pelas sociedades dos estágios anteriores. Conforme as categorias de pensamento e de experiência mais tardias, é possível remeter a causas naturais a doença súbita que atinge um filho e o mata. Um pai pode ser intensamente afetado por essa perda, mas a necessidade que possa sentir de responsabilizar alguém, até a si mesmo, se for o caso, é limitada, na maioria das vezes, pela tendência a explicar por "causas naturais" as próprias afecções fulminantes, tendência essa que predomina na sociedade. Enquanto isso não acontece, enquanto a "natureza" é essencialmente percebida como um mundo de espíritos, um elemento voluntarista, um fator totalmente imprevisível vem integrar-se na experiência de cada um. Só resta procurar adivinhar qual foi o espírito, ou, conforme o caso, qual foi o homem responsável pela doença e morte de um outro homem, e especular sobre suas intenções. Mas quando, nessa situação, a opinião se prende a uma dada explicação, geralmente esta se liga a conflitos e lutas pelo poder, comparáveis aos que opuseram Ezeulu a seus inimigos.

39

O alto grau de incerteza que caracteriza o saber e, portanto, o modo de vida das pessoas inseridas numa sociedade de tipo antigo explica-se, em parte, pelo nível de síntese relativamente baixo de seus símbolos conceituais. Os homens das sociedades mais recentes, em regra geral, não têm verdadeira consciência de estarem manejando, em sua vida cotidiana, símbolos decorrentes de um altíssimo nível de síntese, tais como "tempo".

Hoje em dia, costuma-se falar em "abstrações", e não em sínteses de alto nível. Mas o sentido do termo "abstração", tal como o da polaridade conceitual "abstrato/concreto", que lhe é aparentada, não é dos mais claros. Já assinalei que é difícil saber a partir de que se abstraiu o "tempo". Terá sido a partir do ato de consultar o relógio, como fazem milhões de homens pelo mundo afora? Mas, todos esses homens, se os interrogássemos, responderiam que desejam saber que horas são. Ou será que o conceito de "natureza" foi formado por abstração, a partir de uma multidão de observações efetuadas em fenômenos naturais? Seja qual for a resposta, o certo é que símbolos conceituais como "tempo", "natureza", "causa" ou "substância" representam sínteses efetuadas num nível muito elevado.

Uma comparação com outros exemplos extraídos de Achebe e sua *Flecha de Deus* permitirá, com certeza, percebermos com mais clareza do que se trata. O sumo sacerdote Ezeulu foi convocado à presença do comissário distrital britânico, cujo escritório e residência ficavam situados numa das aldeias vizinhas. Como não compareceu pontualmente, o comissário, que estava sentindo os primeiros sintomas de uma doença grave — o que o deixava irritado —, ordenou de passagem que o sacerdote fetichista fosse provisoriamente instalado na sala dos guardas, que servia de presídio, para lhe inculcar boas maneiras. Entrementes, sofrendo de febre alta, o comissário foi hospitalizado, e os habitantes nativos de Government Hill interpretaram sua doença como um ato de vingança mediante o qual o sacerdote aprisionado havia demonstrado seu poder. Depois disso, Ezeulu passou a ser muito bem tratado. Mesmo assim, não se sentia à vontade. De sua detenção, o céu lhe parecia estranho. E ele dizia a si mesmo: como poderia não ser assim? "Cada país [isto é, cada aldeia-Estado] tem seu próprio céu."[28]

Atualmente, em inúmeras sociedades nas quais esse saber faz parte dos conhecimentos corriqueiros, as crianças aprendem que o que apreendemos como "céu", e que muitas vezes é designado como "espaço cósmico", é o espaço em cujo seio a Terra gira em torno do Sol. Em volta da Terra, esse céu não é diferente de um lugar para outro. A representação geral de uma Terra gravitando no espaço ao redor do Sol constitui uma síntese de nível relativamente elevado, consequência de inúmeras observações pormenorizadas e de inúmeras sínteses de menor envergadura, que a precederam. Constitui também uma síntese comparativamente fiel ao real. Os seres humanos que crescem manejando conceitos representativos dessa síntese realista de alto nível tomam-na facilmente por modelo de sua experiência do mundo. Mas, pelo fato de isso lhes ser tão fácil, eles podem esquecer, ou não querer saber, que, na escada da humanidade, a ascensão até esse nível representou um processo extremamente difícil, que durou milhares de anos.

Se é mais fácil, para os homens das sociedades posteriores, apreender o mundo com conceitos decorrentes de um alto nível de síntese, não é por eles serem mais inteligentes ou "melhores", de algum modo, mas simplesmente por terem chegado mais tarde, por haverem nascido numa fase da sucessão das sociedades ao longo da qual o saber social aumentou, sem que ninguém houvesse planejado isso. Assim, sem que acrescentem nada de seu, eles se beneficiam dos resultados consolidados de um crescimento constante do saber. Esses resultados não estavam à disposição dos membros das sociedades primitivas do passado, nem estão ao dispor dos representantes daquelas dentre essas sociedades que se perpetuaram até nossos dias. Mencionei o caso do inspetor das escolas de uma reserva indígena, nos Estados Unidos, que informou com ar superior que os índios não dispunham de uma palavra para designar o "tempo". Ele mesmo, entretanto, não tinha mérito algum por saber manejar símbolos com um alto nível de síntese, como "tempo". E o fato de os índios não possuírem nenhum conceito geral de tempo, embora sem dúvida utilizassem alguns meios de determinação temporal em função das necessidades de seu estilo de vida, também não constituía, entre eles, a marca de nenhuma lacuna essencial.

Os membros das sociedades que, como *beati possidentes*, beneficiam-se de uma rica herança de saber, a qual inclui inúmeros representantes conceituais de alto nível de síntese, em vão buscaram, durante séculos, resolver o enigma dessa posse. Já na Antiguidade, alguns, como Sto. Agostinho, meditavam sobre o tempo. Quase um milênio e meio depois, Kant encontrou muitos admiradores para sua hipótese de que o tempo e o espaço representariam uma síntese intelectual efetuada *a priori*, o que significa, em termos mais prosaicos, que essa forma de síntese faria parte da natureza humana, ou seria inata. Esse, como se pode perceber, foi um exemplo clássico de esquecimento do passado, um exemplo de uma maneira de desprezar a totalidade do processo do saber que conduziu até o estágio ou o nível de síntese em que o sujeito se encontra.

É nosso interesse, portanto, que nos familiarizemos com o modo de experiência que impera nos estágios de desenvolvimento em que o tempo e o espaço ainda não são apreendidos no mesmo nível de síntese que o nosso — e portanto, ainda não são sentidos como fundamentalmente unitários —, e que reconstruamos esse tipo de experiência, a fim de compreendermos a nós mesmos. Não é muito difícil compreender que, para homens habituados a discernir toda sorte de detalhes no conjunto da paisagem terrestre, da qual o céu faz parte, o céu representasse um elemento da paisagem de sua aldeia natal e, desse modo, devesse ter um aspecto diferente de uma aldeia para outra. Nesse estágio, em suma, o grupo e a própria aldeia, conforme o caso, constituíam o quadro de referência principal na experiência daquilo que hoje designamos por universo. Muito provavelmente, o grupo, em seu egocentrismo irrefletido, implicava-se intensamente nessa chegada da lua nova, percebendo-a como uma visita que o astro fazia ao grupo no lugar que este habitava na Terra. Supondo-se que o relato de Achebe tenha sido inventado, ele o foi, sob esse aspecto, com grande perspicácia. Com efeito, o autor nos conta que, durante a ausência de Ezeulu, que fora a uma outra aldeia, seu filho caçula, que havia ficado em casa, sentiu-se inquieto, pois sabia que o pai tinha o hábito de saudar a lua nova e que, por seu lado, a lua estava acostumada a receber essa saudação: "Que aconteceria com a lua nova? Ele sabia que o pai a estivera esperando antes de viajar. Iria ela acompanhá-lo até Okperi, ou será que esperaria sua volta? Se ela se manifestasse em Okperi, com que gongo metálico a receberia Ezeulu? ... Melhor seria que a lua nova esperasse a volta dele, no dia seguinte."[29] À primeira vista, as preocupações desse menino parecem ser produtos da imaginação poética de um escritor. Podem parecer sintomas surpreendentes de uma mentalidade estrangeira. Na verdade, eles nos dão uma ilustração impressionante e autêntica dos primeiros estágios por que passou o desenvolvimento da experiência humana da "natureza" e do "tempo". Ainda é uma questão em aberto saber em qual estágio do desenvolvimento do saber os homens passaram a se comunicar com a ajuda de símbolos conceituais que permitiam exprimir sem ambiguidade a ideia de que a lua era a mesma em toda parte, e de que, salvo algumas diferenças determinadas, em toda parte eles viam o mesmo céu.

É difícil perceber o que há de particular na experiência que se tem do tempo ou da natureza, enquanto não se dispõe de quadros contrastantes. Reconhecer que se está habituado a uma certa forma de consciência do tempo, altamente integrada e unitária, não é fácil. No entanto, isso é quase evidente. As unidades com que marcamos o tempo, todas encaixadas umas nas outras — os minutos, os segundos e os anos —, tanto podem ser aplicadas ao cozimento de um ovo, ao tráfego aéreo internacional, às funções vitais de um organismo humano ou ao desenvolvimento das sociedades nacionais quanto ao nascimento e desaparecimento das estrelas e galáxias, ou ao nascimento e desaparecimento do universo inteiro.

Por uma síntese de determinação do tempo característica de um nível baixo, um sacerdote pode recusar-se a anunciar o momento da colheita, pelo fato de seu deus ainda não lhe haver revelado que esse momento chegou. Assim, o ano novo fica em compasso de espera. A aldeia, para retomarmos uma formulação de Achebe, fica "encerrada no ano velho". A atividade específica de regulação a que chamamos "determinação do tempo" ainda está solidamente inserida, nesse caso, numa visão de mundo em que este se afigura uma sociedade de espíritos. As relações entre os homens e aquilo a que chamamos "natureza" têm um caráter muito mais pessoal do que nos estágios posteriores. Nosso saber não nos permite dizer quando e onde os homens começaram a distinguir com mais clareza e certeza a ordem impessoal da natureza e a da sociedade humana. Todavia, é sabido que um impulso decisivo nesse sentido teve lugar na antiga Grécia. Ali, durante algum tempo, a distinção entre o que pertence ao domínio da natureza e o que é do âmbito das leis estabeleceu-se nos espíritos cultos. Do mesmo modo, talvez pela primeira vez, surgiu um deus do tempo na mitologia grega. O nome do antigo deus Cronos era também uma das expressões usadas para designar o "tempo". Que um deus tenha dado nome a esse conceito não pode deixar de ser significativo, no desenvolvimento da determinação do tempo pelo homem. Podemos afirmar que a atividade de determinação do tempo e o conceito de tempo são inseparáveis da representação geral que os homens têm de seu universo e das condições em que vivem nele.

Num período em que as cadeias de interdependência, em particular nos setores econômico e militar, tornam-se muito longas e amiúde se estendem pelo mundo inteiro, é evidente que o tempo é passível de representar uma síntese de nível mais elevado do que era viável no estágio em que as aldeias-Estado constituíam a principal unidade de sobrevivência, assim como o plano mais elevado de integração. Na época de Ezeulu, esses Estados já não eram completamente autárquicos. Os mercados já eram uma instituição estabelecida. Mas cada família continuava basicamente dependente de sua própria produção no abastecimento de víveres. Nas aldeias ibos de que Achebe fala, o grau de autossuficiência e independência era elevadíssimo. Essas aldeias só se ligavam ao mundo externo por raras cadeias de interdependência, as quais, quando existiam, eram muito curtas. Os fósforos, um antigo símbolo do comércio a longa distância, eram um luxo, ao que parece, ou completamente inusitados. Do mesmo modo, os homens só podiam contar consigo mesmos no que concernia a sua sobrevivência física, e também a seus meios de defesa contra os caçadores de escravos e outros estrangeiros, e contra os habitantes das outras aldeias. Essa situação se modificou quando eles foram submetidos ao regime imposto por uma potência colonizadora, o que representou um passo para sua integração num nível superior, o acesso a um novo patamar na escala do processo de formação dos Estados. Era esse grau relativamente elevado de autonomia militar e econômica que encontrava expressão numa experiência do tempo assim localizada. Ela se traduzia em modalidades de experiência como a percepção da lua nova sob a forma de uma espécie de visitante que chegava à aldeia, ou como a figura de um deus da aldeia que, por razões pessoais, não permitia que numa dada localidade, e somente nela, o ano velho desaparecesse para dar lugar ao ano novo.

40

A dupla progressão para unidades de integração social cada vez mais vastas e para cadeias de interdependência social cada vez mais longas acarretou, igualmente, estreitas relações com certas modificações que intervinham na ordem cognitiva, dentre elas a ascensão a níveis mais elevados de síntese conceitual. É fácil compreender as vantagens trazidas pelas modificações cognitivas feitas nesse sentido para as sociedades que conheceram essa forma de desenvolvimento. Ela possibilitou a percepção e a representação simbólica de sistemas de interferência cada vez mais extensos e complexos entre a natureza e a sociedade. O domínio cognitivo das ligações através de distâncias maiores no tempo e no espaço foi um componente indispensável do processo mediante o qual o saber humano reduziu seu conteúdo imaginário e aumentou sua congruência com o real. Ele permitiu que os homens ampliassem constantemente seu controle sobre a natureza externa, assim reduzindo o nível de perigo a que estavam expostos, ainda que, vez por outra, tenha contribuído para aumentar o perigo que os homens representam uns para os outros.

Naturalmente, essa evolução também se traduziu em perdas, não apenas em ganhos. Os homens, na medida em que não compreendem em que consiste a longa ascensão para um nível de síntese mais elevado, com as condições que lhes são próprias, muitas vezes se habituam a se comunicar graças a uma das manifestações desse processo, ou seja, designam a si mesmos como "abstrações" elevadas. Com isso, perdem de vista a representação simbólica dos detalhes sensíveis com que todas essas abstrações elevadas se relacionam. Não é difícil encontrar círculos de intelectuais nos quais as pessoas se comunicam por meio de uma linguagem repleta de abstrações ritualizadas de alto nível, que nenhum leigo tem condições de compreender. No interior desses círculos, o emprego dessas abstrações ritualizadas é cercado por um halo de associações que nunca são nem precisam ser explicitadas, pois o que elas implicam é perfeitamente conhecido pelos iniciados. Os não iniciados, que creem que os questionamentos desses eleitos deveriam levar a resultados dotados de significação e valor cognitivo para todos, ficam perplexos, muitas vezes, ao serem bombardeados com essas abstrações. Não estando familiarizados com as associações implícitas que acompanham o emprego dessas abstrações, em vão eles procuram relacioná-las com símbolos que representem alguma coisa tangível, com uma síntese conceitual em que figurem detalhes observáveis. Quando não se podem identificar conexões inteligíveis com estes últimos, os símbolos próprios das sínteses de alto nível nada mais são, muitas vezes, do que palavras. A tendência a se perder num labirinto feito desses símbolos é um dos perigos, dentre muitos outros, a que está constantemente exposta a vida no interior das sociedades cujo patrimônio de saber é rico em símbolos representativos de um nível elevado de síntese.

O balanço dos lucros e perdas aparece com mais clareza, sem dúvida, quando consideramos um dos meios de comunicação característicos das sociedades de tipo antigo, nas quais ele é indispensável e, em certas situações, exerce uma função importante, ao passo que as sociedades mais recentes o marginalizam em prol de símbolos conceituais de nível muito mais elevado. Refiro-me aos provérbios. Nas sociedades mais recentes, estes podem afigurar-se um componente do folclore dos ancestrais, como uma forma literária que mais pertence ao passado do que ao presente. Nas sociedades mais antigas, em certas etapas de seu desenvolvimento, os provérbios representam instrumentos de comunicação indispensáveis. Os membros dessas sociedades servem-se deles, em suas conversas e discussões, como de um meio normal para entenderem uns aos outros, essencialmente da mesma maneira que os membros das sociedades mais recentes utilizam símbolos que representam um alto nível de síntese, os quais eles denominam de "abstrações" ou generalizações.

A flecha de Deus, de Achebe, oferece uma profusão de exemplos disso. Esse romance, diversamente das coletâneas de provérbios, evoca o contexto específico no qual se recorre a este ou àquele provérbio. Há uma passagem em que Ezeulu, o sumo sacerdote de Ulu, rechaça as acusações de seus inimigos na aldeia, segundo as quais ele teria, a propósito de uma certa questão, tomado o partido do governo inglês contra sua própria aldeia. Esses homens queriam a guerra, enquanto Ezeulu e seu deus percebiam o caráter injusto dela. A um visitante que o censura por isso, ele retruca dizendo que seus próprios adversários ajudaram o homem branco a penetrar no país. Agora, não convém que vão procurá-lo, a ele, Ezeulu, para se queixar de que o homem branco fez isto ou aquilo. E o sacerdote coroa sua argumentação com um provérbio:[30] "Quem se lamenta de um acontecimento indesejável deve, primeiro, varrer a frente de sua porta." O que também se poderia dizer: "Antes de criticar os outros, cada um deve verificar se ele mesmo não é responsável pelo acontecimento infeliz." Esta última forma de expressão apoia-se em generalizações de caráter mais impessoal, em símbolos decorrentes de um nível de síntese mais elevado. Por aí se podem avaliar os lucros e as perdas. As generalizações de caráter mais impessoal, que representam um grau superior de distanciamento, às vezes são muito mais precisas e unívocas. Ao mesmo tempo, entretanto, falta-lhes flexibilidade e calor afetivo. Como meios de comunicação, os provérbios, em certo sentido, mantêm-se em aberto; com frequência, são menos precisos e mais ambíguos. Muitas vezes, só adquirem uma significação unívoca através da própria situação a respeito da qual são utilizados. Mas é comum eles serem perfeitamente oportunos em determinadas situações. Nesses casos, não deixam pairar nenhuma dúvida sobre o que um falante quer dizer e, comparados aos símbolos decorrentes de um nível mais elevado de síntese, muitas vezes mostram-se mais capazes de resumir a quintessência de uma argumentação. Pelo menos, mostram-se mais aptos a comunicar aos outros a intensidade dos afetos que movem um falante, e de provocar neles, diretamente, uma viva reação emocional.

Num nível de síntese superior, as pessoas utilizam, por exemplo, frases como: "Quando a amizade se transforma em hostilidade, percebe-se isso." Num nível inferior, pode-se recorrer a um provérbio como: "Quando um aperto de mão ultrapassa o nível do cotovelo, sabemos que ele se transformou noutra coisa." Esta é, visivelmente, uma máxima que reflete a experiência de uma sociedade familiarizada com a estratégia elementar das lutas corpo a corpo. No nível superior, quando um conhecido nosso passa apressado e nos cumprimenta apenas com um aceno da cabeça, uma maneira adequada de generalizar essa experiência seria alguma coisa como: "Ele com certeza está com algum problema urgente." Num estágio anterior, numa situação da mesma ordem, dir-se-ia, num tom meio condescendente: "Para um sapo circular de dia, tem que estar fugindo de alguma coisa." As imagens dos provérbios podem atestar um estágio anterior de nojo e desprezo pelos produtos da digestão. É o que diz um provérbio que, em diversas variações, retorna várias vezes no romance de Achebe: "A mosca que se pavoneia sobre um monte de merda está perdendo tempo; o monte será sempre maior do que ela."[31] Na linguagem de uma "abstração" superior, poderíamos com isso estar falando de um homem que quer se fazer passar por algo melhor do que é. Se procurássemos uma metáfora, poderíamos dizer: "É como aquele crítico que achava Shakespeare um dramaturgo ruim." Em *A flecha de Deus*, Ezeulu retoma esse provérbio a respeito de seus inimigos.

Ezeulu é, sem sombra de dúvida, uma das grandes figuras da literatura. Confia em Ulu, seu deus, como confia em si mesmo, sem reservas nem condições. Um de seus amigos o descreve como meio homem e meio deus. Ele mesmo julga possuir dons que ultrapassam a capacidade dos homens comuns. Consegue ler o futuro. Seu deus não fala com ninguém senão ele. Ezeulu é grande, profundamente digno e, para seus contemporâneos, amiúde indecifrável. Podemos vê-lo executar diante dos aldeões reunidos uma dança ritual solene, na qual lhes retira as más ações com as folhas de abóbora que eles espalharam no chão. Ele sabe controlar suas palavras, mas não a cólera que se esconde por trás de seu silêncio ou a paixão que nele despertam os insultos. Quando está agressivo, é perigoso como um leopardo agachado, acuado na defensiva. Uma vez irado, é implacável e absolutamente incapaz de dar ouvidos ao bom senso, até o momento em que seu deus o abandona.

Sob muitos aspectos, Ezeulu é o típico sacerdote carismático de outrora. Tem o hábito de dizer "Ulu e eu", como se fosse irmão gêmeo do deus. Além disso, seu deus ainda se apresenta basicamente com as feições de uma pessoa individual, com caprichos inexplicáveis, que tem um nome próprio e não é abstratamente designada pela denominação genérica "deus". Dessas figuras grandiosas e potentes de sacerdotes que se consideravam porta-vozes de um deus, que sentiam sua voz como a própria voz de seu deus, o passado não nos fornece menos exemplos do que a época atual. É com uma arte fora do comum que Achebe torna presente esse personagem. O contexto de seu romance é uma aldeia-Estado africana nos primórdios da colonização. É nela que Ezeulu tem suas raízes. O poder colonial desempenha na história um papel importante, porém marginal. Os europeus seguem seu próprio código de conduta, assim como os africanos. A relação entre eles é marcada por uma incompreensão mútua quase total. De acordo com os costumes de seu país e a despeito do enorme calor, os funcionários do governo inglês vestem-se formalmente para jantar. Sua tradição traz a marca de um estágio de civilização mais tardio — nisso reside a fonte de seu poderio superior — e, como tal, produz uma estrutura de personalidade diferente. Homens formados dentro desse molde não estão em condições de perceber a grandeza e a dignidade de Ezeulu. Veem nele tão somente um sacerdote fetichista primitivo, que executa para seu deus selvagem ritos provavelmente repugnantes.

De certa maneira, a narrativa de Achebe faz ressurgir não apenas uma fase ultrapassada da história da determinação do tempo, mas também o contexto social fora do qual essa fase dificilmente seria inteligível. Referi-me muitas vezes ao caráter intermitente e descontínuo da antiga maneira de determinar o tempo. No nível das aldeias-Estados, existem muitos campos em que não é necessária nenhuma determinação do tempo. Saúda-se o aparecimento da lua nova porque esse evento marca, tradicionalmente, uma cesura na vida social, mas depois disso a lua pode seguir seu próprio curso, seja ele qual for. Os dias de feira são utilizados como unidades de medida do tempo, dizendo-se, por exemplo, "três feiras atrás", no sentido como mais tarde se diria "três semanas atrás". Também nesse caso, a razão é que as feiras marcam igualmente uma cesura que é fácil de relembrar na vida dos aldeões. Nos estágios posteriores, já não se tem consciência da dificuldade que pode haver em alguém se exprimir em termos do escoamento do tempo entre dois acontecimentos pontuais, e não em termos desses próprios acontecimentos — em "meses" ou "semanas", em vez de "luas" ou "feiras". Pode-se até perder de vista que a noção de semana, comparada à de feira, marca a passagem para um nível de síntese superior. E isso se aplica igualmente a expressões como "mês" ou "ano".

41

Conviria acrescentar que não faltam exemplos como esses, de passagem para um nível de síntese superior, na história do desenvolvimento do saber. Um exemplo marcante é, na Antiguidade, a progressão que levou da matemática egípcia e mesopotâmica ao nível representado pela matemática grega. O que passou por descoberta de Pitágoras, na Grécia — a existência de uma relação universal entre as superfícies dos quadrados construídos sobre os três lados de um triângulo retângulo —, era conhecido dos sábios babilônios e egípcios muito antes do nascimento de Pitágoras. Ocorre que estes discerniam essa relação constante num nível de síntese menos elevado. Representavam-na através de toda uma série de exemplos, que eram utilizados para fins práticos, como a construção de casas. Ao que saibamos, porém, os antigos babilônios e egípcios nunca chegaram a um nível de síntese em que os exemplos múltiplos de aplicação dessa relação pudessem ser simbolicamente representados como casos particulares de uma relação universal. Eles não desenvolveram esses símbolos até o nível superior de síntese em que uma simples equação matemática basta para formular a relação. Inversamente, essa relação simbólica, ao que parece, foi muito bem compreendida e utilizada, mais tarde, pelos gregos cultos.

Os herdeiros do saber de um estágio posterior podem sentir-se tentados a se indagar: "Por que os babilônios foram incapazes, em seu manejo dos símbolos matemáticos, de atingir o nível de síntese dos gregos?" É uma pergunta legítima. Para explorá-la, é necessário levar em conta o nível de saber e, por conseguinte, de simbolização a partir do qual os povos da Mesopotâmia tiveram acesso à matemática. Também não poderemos chegar a uma resposta adequada se desprezarmos as dificuldades imanentes que há na elaboração de símbolos comunicáveis, desde um determinado nível inferior até um nível superior. Na falta dessa investigação, a pergunta "Por que os babilônios foram incapazes...?" exprimirá apenas uma visão ingenuamente egocêntrica das coisas. Poderá significar que, ao formulá-la, está-se partindo de seu próprio ponto de vista, ou, de maneira mais geral, que se está abordando um estágio anterior a partir de um estágio posterior. Assim procedendo, relega-se ao ostracismo o fato de que a humanidade, ou cada uma de suas subdivisões que representou uma tradição contínua de saber, teve de percorrer a sucessão dos estágios anteriores para conseguir chegar aos posteriores.

Em vez de pedir a nossa imaginação que represente um estágio anterior a partir de um estágio posterior, deveríamos esforçar-nos por efetuar a operação inversa. Essa perspectiva é a um tempo mais adequada e mais fecunda. Comparada ao que a havia precedido, numa fase anterior do desenvolvimento dos símbolos, a matemática babilônia, em sua forma consumada, muito provavelmente representou um progresso. Só se afigura atrasada quando alguém pretende julgar uma fase anterior do desenvolvimento dos símbolos utilizando uma fase posterior como padrão de medida. Reconstruindo a verdadeira ordem de sucessão, reconheceremos com mais facilidade que o avanço grego na matemática, assim como em outros domínios do saber, o avanço para um nível superior de síntese, teve como condição os progressos que o Oriente Próximo já havia realizado nesses campos.

Quem já está de posse de um certo saber tem dificuldade de imaginar a experiência daqueles que ainda não o possuíam. Quando nós mesmos somos os "felizes proprietários" de um patrimônio de saber que representa um nível superior de síntese, é fácil perdermos de vista a dificuldade experimentada por gerações criadas em meio a símbolos conceituais de um estágio anterior para elaborar e compreender os símbolos do nível de síntese imediatamente superior.

42

Um exemplo extraído de nossa época talvez nos ajude a compreender essas dificuldades. Não devemos ficar com a impressão de que elas se limitariam ao passado. Na verdade, a própria investigação aqui apresentada é um exemplo do contrário. Ela nos leva a ultrapassar o plano das discussões atuais a respeito do problema do tempo. Esse plano se caracteriza pela polaridade das abordagens — a histórica, de um lado, e a física e filosófica, de outro. Talvez se apreenda melhor a finalidade e a função deste estudo ao percebê-lo como efetuando uma transição de um nível de síntese anterior para um nível posterior; ele pretende substituir uma abordagem "sistemática" estática, ou "histórica" de curto prazo, por uma abordagem sociológica evolutiva, que se mantenha a uma distância equiparável do absolutismo filosófico e do relativismo histórico. Não é preciso repetir aqui o que foi dito antes sobre o caráter ingenuamente naturalista das soluções filosóficas do problema do tempo, como, por exemplo, a de Kant. Em contrapartida, vale a pena encerrar com alguns comentários breves sobre a diferença na maneira como a sociologia evolucionista e a história abordam os problemas suscitados pelo tempo e pelo passado humano em geral.

A pretensão de cientificidade dos historiadores repousa, antes de mais nada, na fidedignidade dos métodos pelos quais eles apresentam remanescentes pormenorizados do passado, extraídos de uma multiplicidade de fontes. Comparada à antiga maneira de escrever história, a maneira moderna de manter um compromisso rigoroso com a verificação detalhada da confiabilidade das fontes utilizadas, quer se estejam relatando acontecimentos passados ou presentes, em nossa própria sociedade ou em sociedades estrangeiras, representa um grande progresso. Ela conduziu aqueles que estudam as sociedades sob o prisma do que denominamos "história" a trazerem de novo à luz uma massa cada vez maior de fatos particulares, relativos a cada período que eles distinguem entre a pré-história e a época contemporânea. Assim, nossa representação desses períodos tornou-se mais realista e menos especulativa. Entretanto, embora a atenção que os historiadores prestam aos detalhes dos acontecimentos esteja submetida a um rigoroso controle profissional, a tarefa que lhes cabe, de reunir todos esses fragmentos num quadro coerente, é objeto de um controle muito menos rigoroso. Suas sínteses, com isso, assumem a forma de descrições narrativas, nas quais fatos fundamentais bem estabelecidos são ligados de um modo que é estimulante para a imaginação, porém muito menos garantido. Nos relatos dos historiadores, dá-se grande margem à intromissão de crenças e ideais de caráter pessoal. Aplicar a grupos e indivíduos do passado o conjunto dos critérios que servem para julgar os contemporâneos afigura-se, entre os historiadores, uma prática normal e profissionalmente aceita. Nada é mais frequente do que ver historiadores erigirem-se em juízes dos homens do passado, que já não têm como se defender, tomando por norma os valores de sua própria época. Assim, eles transmitem a impressão de que nenhuma diferença importante separaria a pré-história da época atual, como se não houvesse ocorrido nenhuma mudança no nível de desenvolvimento.

A combinação de detalhes isolados, sobre os quais se fornecem provas passíveis de verificação, com uma síntese desses detalhes que é, em grande parte, um produto não verificável da imaginação impõe limites específicos ao tipo de apresentação do passado humano que se denomina "história". Quanto mais abandonamos o passado longínquo para nos aproximarmos do presente, mais abundantes são as fontes e em maior número se apresentam os fragmentos de passado suscetíveis de interessar ao trabalho do historiador. Essa é uma das razões por que a apresentação do passado humano sob a forma daquilo a que chamamos "história" inscreve-se na perspectiva do curto prazo. Frente à imensa e crescente massa de fatos particulares, provenientes de múltiplas épocas do passado e trazidos à tona pelos esforços de um número cada vez maior de historiadores, o campo em que o historiador trabalha e ao qual devota sua atenção reduz-se, forçosamente, a períodos relativamente curtos, os únicos nos quais ele pode reivindicar sua qualidade de especialista. Atualmente, prevalece uma divisão do longo processo de desenvolvimento da humanidade numa série de períodos relativamente curtos. Ela reflete a concepção que os historiadores têm de sua própria competência profissional. Seu código profissional e também sua deontologia, portanto, impelem-nos, sem que eles realmente se deem conta disso, a se dedicarem a períodos relativamente curtos. Seu ideal de competência científica reflete-se em sua maneira de ver o passado como dividido em períodos "manejáveis" — manejáveis em função do código que rege seu trabalho profissional. Em suma, a história dos historiadores é a história a curto prazo.

Pela mesma razão, suas sínteses, mesmo ao assumirem a forma mais relaxada de uma descrição narrativa, comumente se limitam a períodos relativamente curtos. Trata-se, essencialmente, de sínteses efetuadas num nível baixo. Um determinado historiador pode pintar um vasto afresco da Antiguidade grega, enquanto outro faz a mesma coisa com um certo período da história da China, um terceiro, com o Renascimento italiano, um quarto, com a história da Nigéria moderna, e um quinto, com a história da América do Norte. Nenhum quadro de referência comum, que seja ao mesmo tempo englobante e verificável, liga essas diferentes "histórias" entre si. Nesse caso, como em muitos outros, a historiografia narrativa parece basear-se no postulado implícito de que os diversos períodos da história humana, no leste e no oeste, no sul e no norte, estariam todos situados num mesmo nível. Dir-se-ia que não há diferença entre os estágios de evolução característicos das diferentes épocas históricas. Os trabalhos dos historiadores certamente comportam observações ocasionais sobre os desenvolvimentos feitos a curto prazo, mas falta à maneira histórica de reconstruir o passado um quadro de referência unitário que permita estabelecer comparações, uma vez determinadas as diferenças no nível de desenvolvimento atingido no decorrer dos diversos períodos, bem como as transformações ocorridas a longo prazo no interior desses períodos.

Apesar de suas limitações, essa representação do passado humano sob a forma da história enriqueceu imensamente nossos conhecimentos, e o mesmo acontecerá no futuro, não tenho dúvida. Seria um completo desconhecimento de minhas intenções interpretar o que escrevo aqui como uma negação do valor epistemológico do trabalho profissional dos historiadores. O estudo intensivo dos detalhes em períodos relativamente curtos do passado, ou, em outras palavras, a concentração no curto prazo que hoje prevalece na maneira de escrever a história, traz uma contribuição indispensável para o estudo e a reconstrução do desenvolvimento da humanidade em geral. Partilho da opinião dos historiadores que consideram seu trabalho como um passo necessário na exploração do passado humano. Mas deixo de partilhá-la quando eles pretendem que o estudo e a apresentação desse passado humano, sob a forma chamada "história", ou melhor, "história narrativa", constituam um passo suficiente. Discordo, acima de tudo, do postulado implícito de que a reconstrução simbólica do passado sob a forma de história narrativa represente a maneira única e definitiva de explorar o passado humano, assim como de construir modelos simbólicos coerentes e verificáveis do passado e do presente. Como hipóteses provisórias, relativas a certas ligações que podem ter existido entre diversos fragmentos minuciosamente estudados do passado, as exposições de caráter narrativo têm certa utilidade. Mas, a meu ver, essa utilidade seria superior se o código profissional dos historiadores exigisse um grau mais elevado de distanciamento, se eles não utilizassem tão impudentemente suas descrições narrativas do passado como armas para travar os combates ideológicos de sua época.

43

No estudo das sociedades humanas, a passagem de uma abordagem histórica para uma abordagem sociológica evolutiva exige que nos alcemos a um nível superior de distanciamento. Essa é uma das dificuldades implicadas nesse processo. Os modelos evolutivos de longo prazo representam, tal como aqui entendidos, uma forma de síntese simbólica, orientada sobretudo para os fatos. A passagem para esse estágio representa, ao mesmo tempo, uma ascensão para um nível de síntese superior, comparado ao da historiografia narrativa. Essa é outra dificuldade. Entender o passado humano em termos de desenvolvimento seria impossível sem o passo anterior, o dos historiadores que trazem à tona todo um material documental. É compreensível que alguns deles façam todo o possível para criticar ou até bloquear qualquer forma de elevação para um conhecimento das evoluções a longo prazo e, com isso, para uma síntese de nível superior. Diversas tentativas nesse sentido revelaram-se arriscadas e especulativas, de modo que essa resistência não deixou de ter fundamento. Além disso, o estudo das evoluções a longo prazo frequentemente exige que desprezemos as periodizações, as quais, de modo geral, limitam o campo de visão e o domínio de competência dos historiadores.

Na lógica do código tradicional do trabalho histórico, o estudo dos processos de longo prazo parece exigir que se domine uma erudição cada vez mais ampla, assim ultrapassando as possibilidades do indivíduo. Entretanto, a competência num nível superior de síntese não requer, necessariamente, o conhecimento de um número maior de fatos. Pode suceder o inverso. Os matemáticos da Babilônia tinham que trazer na memória uma multidão de casos particulares, enquanto os matemáticos gregos podiam contentar-se em memorizar uma única fórmula, a de Pitágoras.

De maneira muito similar, é frequente podermos representar simbolicamente as evoluções a longo prazo, e determinar a direção geral de um processo de longa duração, com a ajuda de comparações sistemáticas entre exemplos extraídos de suas fases precoces e tardias. Algumas seções deste estudo foram dedicadas a destacar a função universal da operação de determinação do tempo. Assim, pudemos reconhecer os aspectos das sociedades antigas e recentes que deveriam ser objeto de comparações, no intuito de descobrir a direção geral seguida pelo desenvolvimento dessa operação, como atividade, como instituição e como experiência. Fez-se necessária uma certa informação factual, porém bem mais reduzida do que teria exigido uma "história do tempo" não estruturada. Mesmo em sua qualidade de contribuição para um estudo do tempo sob o prisma da sociologia evolutiva, este livro representa apenas uma providência introdutória. Esta primeira abordagem, na medida em que procurou efetuar a passagem para um nível superior de síntese, já representou uma soma de esforços. De nada teria adiantado fazer mais do que isso — por exemplo, reconstituir com maior precisão a sucessão das etapas do desenvolvimento da determinação do tempo, desde a forma que ela assumiu nas sociedades pré-estatais até o estágio mais avançado que atingiu nos Estados nacionais industrializados.

As antigas noções relativas ao desenvolvimento social apresentavam, muitas vezes, um caráter teleológico. A direção observável de qualquer desenvolvimento era interpretada como uma orientação para um objeto, e este era comumente considerado como o aspecto mais importante do desenvolvimento social. Nessa primeira fase de sua história, o conceito de desenvolvimento social possuía uma ressonância mágica. Veiculava uma profecia e continha a promessa de sua necessária realização. O objetivo do desenvolvimento social era uma projeção dos desejos humanos de progresso constante, com uma sociedade ideal no fim. Estudar o desenvolvimento da mensuração e da experiência do tempo pode ajudar a separar o conceito de desenvolvimento social da ganga metafísica que ele herdou de seu passado. Podemos afirmar, de maneira clara e distinta, que existe um desenvolvimento que levou de uma forma descontínua de determinação do tempo para uma forma cuja continuidade, por assim dizer, descreve o circuito do relógio. Mas o modelo teórico do desenvolvimento efetuado nessa direção já não se deixa interpretar como a expressão das aspirações de seu autor ao advento de um mundo melhor. Não faço a menor questão de afirmar que a experiência de tempo que caracteriza as sociedades mais recentes seja preferível. Não sei dizer se é. Simplesmente tentei resolver um problema que até hoje não foi resolvido.

Isso não impede que existam, na evolução da humanidade, algumas correntes cuja direção pode ser definida em termos de progresso. Certos processos sociais de longo prazo que apresentam uma tendência predominante nesse sentido nada têm de excepcional. Um exemplo muito adequado, no contexto deste trabalho, foi o desenvolvimento do calendário. Eu gostaria de ter podido tratá-lo com maiores detalhes. Ele ilustra a diferença que separa uma perspectiva histórica de curto prazo da perspectiva de longo prazo da sociologia evolutiva. A primeira, fragmentando o passado humano em períodos individualizados, que parecem dotados de vida própria, atrapalha ou impede a percepção de processos contínuos que se estendem a longo prazo, e que não se detêm nas fronteiras dos diferentes períodos, mesmo que possam sofrer a influência deles. A predominância da concepção do passado como história favorece, com efeito, a percepção das descontinuidades. Ela habitua o homem a considerar o passado como uma multidão de períodos não ligados entre si. Esse hábito é tão poderoso, que ainda são bastante raras as pesquisas referentes a evoluções cujo longo prazo ultrapasse as fronteiras entre períodos. Não faltam exemplos desses processos. Algumas observações sobre o desenvolvimento do calendário na Europa serão suficientes para ilustrar esse ponto.

44

Hoje em dia, praticamente um único calendário é utilizado no mundo inteiro. Ele tem seus pontos fracos. Muitos acham que seria preferível que a Páscoa parasse de se mexer no calendário e que, como o Natal, fosse marcada numa data fixa, ou então, que a data de nascimento de uma pessoa caísse no mesmo dia da semana durante sua vida inteira. Mas, uma pequena dose de irregularidade talvez seja bem-vinda. Como instrumento de determinação do tempo que serve de quadro de referência para uma multiplicidade de atividades humanas, o calendário atual exerce seu ofício de maneira tão tranquila e fácil, que frequentemente perdemos de vista o fato de que as coisas poderiam ser diferentes. Esquecemos que, durante milênios, os homens utilizaram calendários que acarretavam dificuldades reiteradas. Foi preciso reformá-los e aperfeiçoá-los muitas vezes, até que um deles apresentasse uma forma quase perfeita — a atingida pelo calendário europeu desde sua última reforma.

O desenvolvimento desse calendário representa, em pequena escala, um bom exemplo da continuidade a longo prazo que caracteriza o desenvolvimento do conhecimento humano, bem como das dimensões da vida social que lhe estão ligadas. Com suas vicissitudes de avanços e recuos, ele é como que o modelo empírico reduzido de uma corrente evolutiva que perpassa toda uma sucessão de sociedades, que abrange períodos históricos delimitados no curto prazo e ultrapassa amplamente a duração concedida a algumas dessas sociedades. A continuidade ganha forma diante de nossos olhos ao recordarmos que o mês de agosto foi assim denominado em homenagem ao imperador romano Augusto, e que o deus romano cuja memória foi preservada na expressão "cabeça de Janus" deu nome ao mês que, muitas vezes, se não sempre, era considerado o primeiro do ano, e que, nessa condição, olhava simultaneamente para trás, para o ano decorrido, e para frente, para o ano novo. A própria palavra "calendário" remonta ao verbo *calare*, numa relação distante com o fato de que, antigamente, o sacerdote romano, tal como o sacerdote da aldeia da Nigéria, determinava o momento em que uma lua nova era avistada. Assim é que o termo *calendae*, isto é, "[dias] a serem proclamados", relembra a época em que um membro do clero percorria as ruas de Roma para anunciar ao povo que a lua nova fora avistada, e que, portanto, havia começado um novo mês.

Talvez já não nos surpreendamos com a continuidade do desenvolvimento de um saber através dos milênios, para além dos limites dos Estados e dos períodos históricos, representada por nosso calendário atual. Certamente não percebemos que as transformações do saber que foram integradas na elaboração do calendário atualmente em uso exibem o caráter de um desenvolvimento. No entanto, não é difícil perceber que os homens das épocas anteriores, utilizando um calendário mais antigo, defrontaram-se com dificuldades incessantes por causa de suas falhas. Eles realizaram reformas que provocaram novos problemas e novas reformas, nos séculos seguintes, até que o calendário enfim atingiu tamanha perfeição, tamanho grau de adaptação a suas funções sociais, que a maioria dos antigos problemas desapareceu. E, quando o calendário começou a funcionar sem choques e sem incomodar ninguém, esqueceu-se que as coisas tinham sido diferentes no passado. Esqueceu-se a evolução milenar que acabou culminando na adequação exata dos símbolos de calendário, de origem humana, tanto a seu papel social quanto aos processos da natureza física externa.

As dificuldades que foi preciso superar podem ser descritas, em termos gerais, de maneira simples e concisa. No entanto, não podemos negligenciar o fato de que até uma exposição sucinta — como a exigida por este estudo — tem o dever de revelar o caráter problemático de uma opinião que imperou durante muito tempo. Em função de uma escala de valores tradicional, a "natureza", durante um longo tempo, foi considerada — e talvez continue a sê-lo hoje em dia — como a própria encarnação da "ordem", enquanto a sociedade humana parecia, por contraste, desordenada ou até caótica. Todavia, as dificuldades incessantes em que outrora esbarraram os autores de calendários estavam ligadas ao fato de que o curso da natureza não é suficientemente regular para atender às necessidades humanas. Enquanto não dispunham de instrumentos de determinação do tempo fabricados por eles mesmos e dotados de suficiente exatidão, os homens utilizavam, predominantemente, como padrões de medida para determinar os intervalos de tempo recorrentes que estavam ligados a sua vida social, os movimentos do Sol, da Lua e das estrelas. Mas o movimento aparente do Sol, ao qual os homens devem unidades de tempo como o dia, a noite ou o ano solar, não pode ser diretamente relacionado com o da Lua, ao qual devemos unidades como o mês. Por outro lado, à medida que as sociedades humanas tornaram-se mais diferenciadas e mais complexas, elas passaram a precisar de uma regulação temporal cada vez mais exata e sem variações.

Quando a tradição exigia uma rotatividade dos responsáveis políticos, como acontecia na Roma republicana, podia ser extremamente importante, sobretudo nos períodos de luta pelo poder, que as datas de assunção e cessação das funções fossem oficialmente conhecidas, de maneira indubitável. As eleições deviam poder realizar-se na data legal; os impostos, os aluguéis, as dívidas e os juros tinham que poder ser pagos em suas datas de vencimento. Ao assumir o poder, Júlio César constatou que o calendário romano era desorganizado. Ora, na Roma republicana, como na aldeia-Estado de Ezeulu, o controle do tempo e sua divulgação oficial eram uma das funções de um colégio de sacerdotes dirigido pelo *pontifex maximus*. Ele e seus colegas zelavam pelo calendário do Estado. Entretanto, na fase final da República, o calendário, como regulador das relações sociais, já não estava protegido das lutas pelo poder e de suas consequências. Grupos interessados podiam, ao que parece, incitar os sacerdotes a alongar ou encurtar um ano. Assim, as dificuldades de correlacionar acontecimentos físicos e sociais, somadas aos efeitos das lutas pelo poder, haviam conduzido a uma completa desorganização do calendário.

César, que na verdade era um ditador, ordenou uma reforma radical do calendário. A regulação das relações sociais em termos de tempo sempre fora obra das autoridades eclesiásticas ou ligadas ao poder temporal. Não deixa de ser significativo, no que concerne ao desenvolvimento do saber na Roma antiga, que César tenha convocado à sua presença um sábio egípcio, o astrônomo e matemático Sosígenes, para lhe servir de conselheiro na reforma do calendário romano. Na época, os egípcios já tinham uma longa tradição em matéria de observação dos astros e de estabelecimento de calendários, a qual foi enxertada na tradição romana. O resultado da reforma de César, ocorrida no ano de 46 a.C., foi um calendário que apresentava muitos traços conhecidos e que, desse modo, marcou incontestavelmente uma etapa rumo ao calendário atual.

Os egípcios haviam tentado estabelecer uma correspondência entre as unidades de tempo baseadas nos movimentos da Lua e do Sol, respectivamente, construindo um ano de doze meses de trinta dias, ao qual acrescentavam, no começo ou no fim, cinco dias suplementares, de modo a fazer seus meses corresponderem ao ano solar. César retirou um dia do mês de fevereiro e distribuiu os seis dias suplementares de que passou a dispor nos seis meses ímpares que iam de janeiro a novembro, num arranjo que foi uma clara prefiguração do calendário moderno. Pouco depois de sua morte, seu mês de nascimento recebeu, em sua homenagem, o nome de "julho".

Uma segunda reforma radical do calendário ocorreu, como sabemos, no período que se costuma designar como Renascimento. A Igreja Romana, um dos principais canais de transmissão do saber da Antiguidade romana para os tempos modernos, havia zelado para que o calendário juliano permanecesse em uso de uma época para outra, mediante algumas modificações. Ao cabo de mil anos, entretanto, ele já não funcionava corretamente. O curso do tempo tornara evidente a insuficiência das prescrições de César e Sosígenes para correlacionar as unidades de tempo ligadas à Lua e ao Sol, respectivamente. Enquanto a organização dos Estados, pelo menos em algumas partes da Europa, atingia um nível de eficiência e de pacificação interna que se aproximavam da antiga *pax romana*, e enquanto essa organização, conjugada com os progressos da urbanização e com o desenvolvimento do comércio, aumentava a necessidade social de uma regulação pública do "tempo", as deficiências do calendário juliano faziam-se sentir de maneira cada vez mais viva.

Uma dessas deficiências — e que não era a única — traduzia-se no fato de que as festas religiosas móveis, em particular a Páscoa, estavam sendo gradativamente antecipadas. A tradição judaica havia associado a festa de Pessah à primeira lua cheia após o início da primavera. Em 325 d.C., o Concílio de Niceia fixara a data da Páscoa cristã no domingo seguinte à primeira lua cheia depois do equinócio de primavera. Essa data, originalmente fixada em 25 de março, já fora antecipada para o dia 15. No século XVI, a diferença entre os símbolos do calendário oficial, de origem humana, e o curso da natureza, representado pelo movimento observável do Sol, havia aumentado mais dez dias. Essa discrepância já era observada desde o século XIII e, de tempos em tempos, algumas assembleias eclesiásticas haviam refletido sobre sua importância e sobre os meios de remediá-la. Mas a Igreja — sempre relutante em romper com as tradições — não tomou nenhuma providência a esse respeito, até que a questão se tornou urgentíssima. Por fim, o papa Gregório XIII solicitou a orientação de Luigi Lilio, um médico e astrônomo napolitano, e, após a morte dele, a do erudito Clavius. Uma das correções que eles introduziram disse respeito à disposição dos anos bissextos. Eles viram que os movimentos do Sol e da Lua se correlacionariam de maneira mais adaptada às necessidades humanas, se os anos que marcavam o final de um século, e que não eram divisíveis por 400, não fossem bissextos. Assim, 1600 foi o último ano secular bissexto, e 2000 será o próximo.

45

Atualmente, o calendário já não é objeto de interesse para o público. A reforma de 1582 levou a uma adaptação melhor de seus símbolos a sua tarefa, que consiste em correlacionar os movimentos aparentes do Sol e da Lua entre si, em sua qualidade de marcadores temporais, com o curso dos acontecimentos sociais na Terra. Em sua última fase, o desenvolvimento do calendário, bem como o dos outros instrumentos que servem para determinar o tempo, evidenciou uma crescente desvinculação entre seus símbolos e o que eles simbolizavam antigamente, isto é, os movimentos do Sol, da Lua e das estrelas. Graças às fontes de iluminação artificial, a noite tornou-se parte do dia.

Marginalmente, podemos lembrar que o mês, como unidade de tempo, tinha uma estreita associação, antigamente, com o crescimento e a diminuição da Lua. Hoje em dia, excetuados os especialistas, pouquíssimas pessoas se dão conta de que nosso ano se relaciona com os movimentos do Sol, e nosso mês, com os da Lua. Os homens que vivem em regiões onde a Páscoa, a festa da ressurreição de Cristo, não coincide com a primavera, com o despontar dos novos brotos verdes saídos da escuridão do solo, ou onde o Natal coincide com as chuvas da primavera, não se preocupam com isso. Alguns instrumentos simbólicos artificiais, tais como os calendários e os relógios, estão hoje mais adaptados à regulação da conduta humana, sob o prisma do tempo, do que os complicados movimentos da Terra e seu satélite ao redor do Sol. Também por esse ponto de vista, a vida humana está hoje mais fortemente integrada do que nunca no mundo de símbolos que construímos. Passo a passo, ao longo de uma evolução milenar, o problema do calendário, outrora irritante, foi mais ou menos resolvido. E como, atualmente, os calendários já não criam muitas dificuldades, as pessoas esvaziam da memória as antigas épocas em que eles ainda causavam problemas. Não se interessam pela sucessão de etapas através das quais seus ancestrais encontraram a solução para essas questões. E no entanto, os homens não podem compreender a si mesmos, nem tampouco discernir as possibilidades que lhes descortina o futuro, se deixarem de integrar em seu patrimônio de conhecimentos o da evolução que os trouxe do passado ao presente.

46

A evolução do calendário, como dissemos, é uma espécie de modelo reduzido no qual se deixam discernir algumas das características gerais dos processos de desenvolvimento a longo prazo. Isso pode contribuir para desmistificar o conceito de desenvolvimento social. Um de seus aspectos principais constitui-se num problema social urgente com que os homens se debatem, que continua não resolvido há séculos ou há milhares de anos, e que é insolúvel em algumas circunstâncias. O desenvolvimento, conforme se apresente como progressivo ou regressivo, é sempre o processo no decorrer do qual os grupos humanos se aproximam ou se afastam, passo a passo, muitas vezes sem ter consciência disso, da solução de um problema. Como todos os problemas sociais são ligados, os estudos referentes a uma linha particular de desenvolvimento — ao calendário, por exemplo — devem sempre ser considerados como tendo um alcance provisório. Mas podem mostrar com toda a certeza, como aqui, que se produzem transformações não pretendidas numa dada direção, e porque isso acontece; eles comprovam, portanto, que é possível estudar tais processos de transformação sem atribuí-los a quaisquer forças metafísicas desconhecidas, e sem lhes acrescentar profecias que impliquem que cada passo para a solução de um problema social irá tornar os homens mais felizes.

Os desenvolvimentos de caráter social chegam a uma relativa conclusão quando o problema inicial é mais ou menos resolvido. Por esse ponto de vista, a evolução da determinação do tempo constitui um exemplo útil. Ela ensina que a solução não planejada de certos problemas pode desembocar, por sua vez, noutros problemas não resolvidos, sem que os progressos anteriormente obtidos sejam necessariamente desvalorizados. Um horário que integre adequadamente o nictêmero é indispensável ao funcionamento de sociedades em que a produtividade vai crescendo e nas quais a ampliação do lazer não é adquirida ao preço do trabalho estafante e da miséria de outros homens. Mas a pressão do tempo, em sua qualidade de aspecto do código social, gera, em sua forma atual, problemas que ainda estão à espera de uma solução. Estes, provavelmente, é que irão suscitar os desenvolvimentos que levarão ao nível imediatamente superior.

Que a maioria dos historiadores, até o momento, deixe de levar em conta os processos sociais a longo prazo parece-me decorrer, em parte, de uma falta de reflexão sistemática sobre os problemas com que os grupos humanos se confrontaram no passado e continuam a se confrontar no presente. Os homens nem sempre declararam explicitamente, como continua a acontecer hoje em dia, que "este é o problema que temos que resolver". Muitas vezes, eles se debatem com problemas específicos sem lhes dar nomes, e sem sequer dispor de símbolos conceituais que se relacionem com eles. Nos primeiros estágios do desenvolvimento da determinação do tempo, os homens certamente não possuíam nenhum equivalente de nosso termo "tempo". Não terão estado em condições de formular de maneira clara e distinta o problema da determinação do tempo em que esbarravam. No entanto, seria impossível fazermos justiça a sua ação e sua experiência sem explicar seus problemas em termos dos quais eles mesmos, sem dúvida, não teriam sido capazes de se servir.

O recurso a comparações sistemáticas pode facilitar essa tarefa. Elas podem ajudar a compreender que a passagem de um nível antigo para um novo nível de síntese é eivada de dificuldades. O fato de se estar acostumado ao nível anterior sempre traz como consequência fazer com que a ascensão ao patamar superior fique bloqueada por algum tempo. A transição para uma perspectiva de longo prazo, que destaca uma certa ordem na sucessão dos estágios do desenvolvimento social, não se efetua sem benefícios, entretanto. Este livro decerto permite que nos apercebamos disso. O que foi dito aqui mostra que o processo de desenvolvimento, a ordem de sucessão das etapas, não se impôs como que de fora para dentro sobre um material histórico inerte e desprovido de estrutura, mas que essa estrutura encontra-se no próprio material, e pode ser deduzida dele sob a forma de um modelo teórico, de uma representação simbólica verificável do processo de desenvolvimento, tal como este se desenrolou. Podemos igualmente ver que as comparações entre as diferentes etapas do desenvolvimento da sociedade, acompanhadas por frequentes incursões para cima ou para baixo de toda a escala do desenvolvimento, dão aos fenômenos observáveis nesses níveis diferentes uma vida que a representação histórica a curto prazo, alheia tanto à perspectiva do desenvolvimento quanto à dimensão comparativa, seria incapaz de lhes conferir.

Ainda resta muito a fazer. Mas, talvez possamos lembrar-nos de que a Lua que, em sua função de instrumento de determinação do tempo, praticamente desapareceu da vida das populações urbanas dos Estados nacionais industrializados, as quais vivem sob a pressão do tempo sem compreendê-la — foi outrora uma mensageira que, a intervalos mais ou menos regulares, permitia que os homens efetuassem cortes no interior de sua vida social. Nossa incursão na aldeia de Ezeulu talvez ajude os membros dessas sociedades altamente diferenciadas a compreender sua própria experiência do tempo e, com isso, a compreender a si mesmos.

Notas

Introdução

1. Horácio, *Odes*, II, 14, trad. F. Villeneuve, Paris, Les Belles Lettres, 1991, p. 75.

2. Dentro da tradição filosófica, é comum falar-se de teoria do conhecimento, e, na tradição sociológica, sobretudo de sociologia do saber. A diferença entre essas tradições e o emprego dos termos "conhecimento", num caso, e "saber", no outro, geram uma certa falta de clareza quanto à relação entre saber e conhecimento. Não é inútil, sem dúvida, lembrar que a operação individual de cognição numa pessoa é inseparável do saber que ela adquiriu junto a outras, e portanto, no final das contas, do nível de desenvolvimento atingido pelo patrimônio de saber da sociedade. Quem não sabe nada não pode atestar cognição. Foi intencionalmente, portanto, que rompi com o uso que distingue teoria do conhecimento de teoria do saber.

3. Cf. Norbert Elias, *Engagement und Distanzierung. Arbeiten zur Wissensoziologie*, I, Frankfurt, 1987 (trad. franc. *Engagement et distanciation*, Paris, Fayard, 1993).

4. Cf. Norbert Elias, *Über den Prozeß der Zivilisation. Soziogenetische und psychogenetische Untersuchungen*, Frankfurt, 1976, sobretudo vol.2, p.312ss [*O processo civilizador*, vol.1, *Uma história dos costumes*, Rio de Janeiro, Zahar, 1990; vol.2, *Formação do Estado e civilização*, Rio de Janeiro, Zahar, 1993].

Sobre o tempo

1. Evito intencionalmente falar de "nível de abstração". A partir de quê, afinal, seria o conceito de tempo obtido por abstração?

2. Norbert Elias, *Was ist Soziologie?*, Munique, 1971, p.73 (trad. franc., *Qu'est-ce que la sociologie?*, Paris, 1991).

3. Talvez seja útil explicar por que utilizo, nesse contexto, a expressão "*continuum* evolutivo". Em poucas palavras, a razão é que, em numerosos processos evolutivos, a unidade do processo não repousa numa substância qualquer, que permaneça inalterada através de todo o processo, mas na continuidade com que uma certa transformação provém de uma outra, segundo uma sucessão ininterrupta. Tomemos uma dada sociedade, como a Holanda, por exemplo, no século XV e no século XX. O que une esses dois séculos é menos um certo núcleo essencial que tenha permanecido inalterado do que a continuidade das transformações mediante as quais a sociedade do século XX proveio da do século XV, sendo essa continuidade reforçada,

no caso, pelo fato de ser rememorada. Ou então, tomemos um dado indivíduo: Hume confessou, certa vez, que não conseguia compreender em que sentido o adulto que ele era naquele momento podia ser "o mesmo" que o menino que fora outrora. Também nesse caso, a resposta é que a identidade não é tanto a de uma substância, mas a da continuidade das transformações que conduzem de um estágio ao seguinte. E, também nesse caso, trata-se de uma continuidade rememorada. O que denominamos de "reino animal" é, pela perspectiva do transformismo, um "*continuum* evolutivo", é a continuidade de uma multiplicidade de transformações que ligam os peixes aos homens. O mesmo se aplica ao universo físico. E existe uma profusão de outros exemplos. Em todos esses casos, trata-se de uma continuidade nas transformações que ligam um estágio posterior a um estágio anterior.

4. N. A.A. Azu, *Adangbe History*, Acra, 1929, p.18.

5. Um exemplo do exercício desse monopólio nas nações contemporâneas é a passagem do "horário de inverno" para o "horário de verão".

6. Procede-se exatamente da mesma maneira hoje em dia, exceto por se modificarem as palavras, mas sem que se modifique a substância da argumentação. Em vez de falar de uma condição "*a priori*" da experiência humana, invoca-se o conceito do "lógico". Este é então empregado num sentido amplo e extraordinariamente geral, quase sempre com a implicação de que estaria relacionado com estruturas permanentes do pensamento humano, anteriores a qualquer experiência e a qualquer conhecimento adquirido através da aprendizagem e, desse modo, independentes destes últimos. Essa ampliação do uso de um termo não tem muito a ver com a disciplina, aparentada com a matemática, da lógica formal, a qual, de maneira perfeitamente respeitável e fecunda, dedica-se ao estudo de tipos particulares de relações puras. Em seu sentido contemporâneo, exageradamente ampliado, esse termo, embora sugerindo uma certa ligação com a lógica formal, contenta-se, essencialmente, em remeter ao postulado de que um argumento tem que apresentar coerência interna, ou ao fato de que, na comunicação entre os sujeitos humanos, "A" sempre tem que significar "A" e nada além de "A", o que é formulado, muitas vezes, como uma "lei" tautológica da lógica. O prestigioso conceito do "lógico", que vem substituir noções mais ou menos caídas em desuso, tais como "*a priori*" ou "racional", não é empregado num sentido particularmente prestigioso.

7. Censorinus, *De die natali*, Lugduni Bat., 1642, XVI, p.3ss.

8. Surge aqui um problema interessante, que talvez eu me possa permitir evocar, sem levar seu exame mais adiante. A teoria einsteiniana que afirma — contrariando Newton e seu "tempo absoluto" — que o tempo (ou sua determinação) difere conforme as unidades de referência está relacionada com um tipo particular de tempo. Consoantemente com a tradição dominante da física, ela se reveste de um caráter de lei, isto é, baseia-se num certo tipo de abstração: tudo o que é objeto de mensuração faz as vezes de caso particular repetível de uma lei geral. A teoria da relatividade abstrai os processos irreversíveis, embora seja aplicável a eles.

Se incluirmos tais processos em nosso quadro teórico, ver-nos-emos na presença de um outro tipo de problemas de determinação do tempo. O problema da ligação entre as fases "anteriores" e "posteriores" de um processo é um exemplo disso. A questão é saber se uma ordem de sucessão, como, por exemplo, a que leva de uma estrela do tipo do Sol até uma gigante branca ou uma anã vermelha — ou seja, a determinação temporal das fases anteriores e posteriores de um processo contínuo —, varia igualmente em função dos movimentos das diversas unidades de referência. Será que poderíamos dizer, seguindo a lógica dessa argumentação, que, para um observador situado em algum outro lugar, a ordem de sucessão poderia inverter-se, ou seja, que, em relação a ele, o que percebemos como uma fase tardia na sequência principal de uma evolução galáctica ou estelar poderia afigurar-se uma fase anterior, e vice-versa? Dadas as bases teóricas do chamado modelo da sequência principal, isso parece altamente improvável tão improvável quanto à ideia de que observadores situados noutros pontos do universo pudessem perceber os mamíferos como ancestrais dos répteis e estes como ancestrais dos peixes.

Assim, manteremos por enquanto o princípio de que a ordem de sucessão dessas sequências, e portanto, a determinação dos estágios como "anteriores" ou "posteriores", provavelmente continua a mesma, seja qual for a posição dos observadores ainda que, naturalmente, a representação teórica que hoje temos da ordem sequencial possa vir a se revelar inadequada num estágio posterior.

9. O caráter "descontínuo" da determinação do tempo, em seus estágios iniciais de desenvolvimento, foi reconhecido pela primeira vez por Martin P. Nilsson, que discorreu abundantemente sobre esse problema em seu livro *Primitive Time-Reckoning* [*O cálculo primitivo do tempo*] (Lund, 1920). Eu já ia a meio caminho na redação do presente ensaio quando deparei com esse livro. Sem o material contido nele, sem dúvida eu teria ficado menos convencido do que me sinto hoje da ubiquidade dessa particularidade estrutural.

10. Agradeço à Sra. Elke Möller-Korte por essa informação. Ela acrescentou que esse tipo de relógio é indispensável quando o horário dos trens é muito apertado.

11. O tempo "social", ou centrado no homem, comportava suas próprias subdivisões. Assim, era possível distinguir entre o "tempo dos deuses" e o "tempo do Estado", isto é, entre o "tempo" dos sacerdotes e o do rei ou dos servidores do Estado, entre o "tempo solar" e o "tempo lunar" etc. Mas, essas divisões eram de uma espécie diferente da distinção entre tempo cíclico e tempo linear.

12. Galileo Galileu, *Discours et démonstrations mathématiques à propos de deux sciences nouvelles*, Discurso III, trad. [francesa] de M. Clavelin, in *La Philosophie naturelle de Galilée*, Paris, Armand Colin, 1968, p.423.

13. A ironia disso está em que a doutrina de Aristóteles fora considerada pelas autoridades eclesiásticas, no século XIII, como uma perigosa heresia. O movimento intelectual provocado no interior da Igreja pelo número crescente de textos antigos, árabes e judeus, que se tornaram acessíveis sob a forma de traduções, deparou com uma viva resistência e foi incessantemente censurado pela ortodoxia. O aristotélico Siger de Brabant, um dos representantes dessa primeira onda europeia do Iluminismo na universidade de Paris, foi censurado e condenado repetidas vezes pela hierarquia eclesiástica. Morreu assassinado, em circunstâncias mal esclarecidas, quando se encontrava preso por decisão papal. Tomás de Aquino, o homem do meio-termo, contribuiu mais do que qualquer outro para conciliar as doutrinas antigas com as novas e, através disso, fazer com que as obras então conhecidas de Aristóteles fossem admitidas no *corpus* dos escritos reconhecidos pela Igreja como abalizados. Ele mesmo, em sua época, viu-se implicado em acerbos e desgastantes combates intelectuais, embora suas doutrinas e as de seus discípulos acabassem por se impor, a longo prazo.

Talvez seja interessante considerarmos a estrutura desse processo a longo prazo e a escala temporal a que ele se refere. Ao longo de seu desenrolar, um ensino marginal, inovador e parcialmente reprimido veio a ser aceito como um elemento da doutrina vigente. Transformou-se num ponto de vista ortodoxo e tradicional e serviu, por sua vez, de arma para a repressão, num outro nível, de novas doutrinas marginais e inovadoras. Aqui, a metamorfose de uma doutrina marginal oprimida numa ortodoxia opressora, também esta ameaçada pela ascensão de uma nova doutrina desviante, exigiu cerca de três séculos e meio.

14. Note-se que Tycho Brahe parece haver utilizado instrumentos de medição do tempo, vez por outra, para obter maior precisão em suas observações astronômicas.

15. G.H. Hardy, *A Mathematician's Apology*, Cambridge, 1948; quanto às citações que se seguem, ver idem, p.21ss.

16. Edward T. Hall, *The Silent Language*, Nova York, 1959, p.21 (reimpresso em Garden City, NY, 1973).

17. E.T. Hall, op. cit., p.25.

18. Norbert Elias, *Was ist Soziologie?*, Munique, 1971, p.105-9 (trad. franc. *Qu'est-ce que la sociologie?*, Paris, 1991).

19. Walter B. Cannon, *The Wisdom of the Body* (1932), Nova York, 1963.

20. Joseph-François Lafitau, *Moeurs des sauvages américains, comparées aux moeurs des premiers temps*, 2 vols., Paris, 1724, seleta de textos organizada por E.-H. Lemay, 2 vols., Paris, FM/La Découverte, 1983.

Lafitau teve muita dificuldade para explicar a seu público que seus selvagens da América, apesar das atrocidades que cometiam uns contra os outros, nunca transgrediam muito, em particular no tocante à nudez, as regras da *bienséance* [decoro] no estilo francês. Um dos aspectos mais interessantes de seu livro é a total incapacidade do ilustrador de fornecer um equivalente visual dos poderosos afetos que assaltam o leitor a propósito de algumas descrições, sobretudo das cenas de tortura, ainda que o próprio relato de Lafitau seja, sem sombra de dúvida, seletivo e edulcorado. Ele ficou dilacerado entre o desejo de apresentar a seus leitores um quadro verossímil e vivo daquilo que vira e ouvira, durante os anos passados em meio aos índios, e a preocupação de, ao mesmo tempo, poupar a sensibilidade de seus leitores, sem por isso faltar com a verdade, e fazer com que seus protegidos aparecessem diante do público francês sob um prisma não muito desfavorável. As ilustrações mostram, de maneira quase patética, a total incapacidade de um artista criado na tradição civilizadíssima de uma iconografia palaciana — em suma, de um artista do barroco — de romper a casca das convenções plásticas em que estava encerrado. Mesmo amarrado no poste das torturas, o guerreiro indígena exibe sua coragem com os gestos elegantes de um fidalgo habituado aos salões parisienses.

É que, em matéria de arte, aquilo a que se chama estilo de época — por exemplo, o romano, o renascentista ou o barroco — é, simplesmente, um aspecto do código social de um grupo humano num certo estágio de seu desenvolvimento. A exemplo de outros aspectos, está profundamente alicerçado na estrutura de personalidade dos indivíduos. Contribui para formar, assim como para encerrar dentro de certos limites, o gosto pessoal deles e sua maneira de ver. A extensão e a força da influência que ele exerce podem mudar, pois a elasticidade do código social e a margem de liberdade que ele concede às variações individuais são, às vezes, muito diferentes de um caso para outro. Nas sociedades relativamente simples, os códigos que regem o comportamento e a sensibilidade costumam estar entre os mais rígidos. Na Idade Média e nos tempos modernos, eles deixaram de ser tão rígidos assim, apesar de continuarem a impor, como mostra o exemplo do ilustrador de Lafitau, limites estreitos ao gosto e à maneira de ver dos indivíduos. Só em época mais recente foi que eles se tornaram suficientemente flexíveis para permitir um alto grau de individualização — a ponto, hoje em dia, de as pessoas tenderem até a perder de vista esse código comum do sentimento e da conduta, sem o qual a comunicação se tornaria difícil ou, talvez, impossível. Na época de Lafitau, os suplícios públicos dos criminosos ou dos homens tidos como criminosos ainda eram corriqueiros na França. Mas o gosto artístico, largamente inspirado nos círculos da corte, era altamente seletivo. Dava pouca margem à representação realista de situações humanas extremas e dos afetos poderosos que elas desencadeavam.

Tais limitações devem ser igualmente levadas em conta, se quisermos poder avaliar a confiabilidade do relato de Lafitau. Por certo ele não era indiferente à sensibilidade de seu público. Esforçou-se por prover seus selvagens norte-americanos de um resquício de decência francesa. Descobriu — ou acreditou haver descoberto — numerosas semelhanças entre os índios da América do Norte e diversos povos mencionados por escritores da Antiguidade. Mas suas comparações eram uma faca de dois gumes: nunca sabemos ao certo se ele estava tentando elevar seus selvagens, ou colocar no devido lugar os pagãos da Antiguidade. Talvez tivesse certa razão em sublinhar o heroísmo daqueles pobres supliciados que tinham sido ensinados a suportar tamanhas torturas sem pestanejar, sem dar o menor sinal de sofrimento. Mas, ainda que não possamos fingir ignorar seus limites, ele foi e continua a ser uma notável testemunha ocular de um certo estágio de desenvolvimento das sociedades humanas, um estágio cujos últimos representantes vão hoje desaparecendo rapidamente, mas que convém concebermos da maneira mais clara e viva possível, se quisermos conhecer a nós mesmos.

21. Algumas outras espécies animais domesticadas apresentam traços dessa capacidade. Já houve quem evocasse uma autodomesticação da espécie humana. A capacidade de adquirir mecanismos de controle através da aprendizagem, em contraste com os que são inatos, poderia muito bem constituir uma particularidade estrutural desse processo. Pelo menos, não se conhece nenhuma outra espécie animal cujo potencial biológico possibilite formas de autodisciplina socialmente adquiridas e desenvolvidas, juntamente com a plasticidade correspondente das pulsões e afetos.

22. Pierre Clastres, "Malheur du guerrier sauvage", in: *Recherches d'anthropologie politique*, Paris, 1980, p.209ss.

23. Org. E.-H. Lemay, Paris, FM/La Découverte, 1983, vol.II, p.5.

24. Quanto a esse conceito e a sua aplicação às relações entre grupos organizados em clãs e entre Estados, ver Norbert Elias, *Engagement et distanciation*, Paris, 1993, sobretudo p.115 e seguintes.

25. Chinua Achebe, *Arrow of God*, Londres, 1964.

26. Temos boas razões para crer que, em consequência das atividades dos mercadores europeus de escravos, que andaram pelo litoral sul da Nigéria aproximadamente desde o século XVII até o século XIX, uma série de aldeias ibos foi completamente destruída, e alguns de seus habitantes foram levados como escravos para o Novo Mundo. Um dos grupos de caçadores de escravos, ele próprio formado por ibos e conhecido pelo nome de Ara Chuku, é mencionado no romance de Achebe, com uma denominação ligeiramente disfarçada.

27. Achebe, op. cit., p.2ss.

28. Achebe, op. cit., p.196.

29. Achebe, op. cit., p.105.

30. Achebe, op. cit., p.163.

31. Achebe, op. cit., p.161.

Posfácio do editor alemão

A maior parte deste volume consiste na tradução alemã de um manuscrito redigido em língua inglesa, intitulado *Time. An Essay.**

O manuscrito original não foi escrito de uma só vez. A princípio, foram redigidas as seções aqui numeradas 1 a 27. Logo após sua redação, elas foram publicadas, numa tradução holandesa de Godfried van Benthem, na revista *De Gids* n.137 (1974), cadernos 9-10, p.600-8; n.138 (1975), cadernos 1-2, p.50-9, cadernos 5-6, p.367-77, e caderno 9, p.587-600. Uma seleta dos textos, abrangendo aproximadamente um terço do total, foi depois publicada em duas partes na revista *Merkur* n.36 (1982), caderno 9 (= caderno 411), p.841-56, e caderno 10 (= caderno 412), p.998-1016. A seleção foi feita pela redação da revista. A tradução da íntegra das seções 1-27, que fora o ponto de partida dessa pré-publicação e que foi aqui retomada, deveu-se inicialmente a Holger Fliessbach, cujo texto retrabalhei. As partes escolhidas para publicação foram revisadas, na época, pelo próprio autor, que lhes acrescentou alguns trechos, dentre eles certas passagens relativamente longas (como as seções 28 e 29). Eles foram aqui incorporados por mim no texto completo, nos pontos em que isso se fez necessário.

Com vistas à publicação em forma de livro, o autor redigiu, no início de 1984, as seções 30 a 46. Sua versão para o alemão deveu-se inteiramente a mim.

A "Introdução" foi escrita por Norbert Elias em alemão, no decorrer dos meses de julho e agosto de 1984.

Michael Schröter

* Publicado pela Blackwell Publishers, Oxford, 1992, trad. de Edmund Jephcott.